125ライブラリー008

超然トシテ
独歩セント欲ス
英吉利法律学校の挑戦

菅原彬州 監修
森 光 編著

Morikuni Sugawara, Hikaru Mori

中央大学出版部

目次

プロローグ……001

第1章　法律家が足りない……017

第2章　開校式（明治18年9月19日）……045

第3章　校長, バリストル増島六一郎……069

第4章　旗本屋敷に学ぶ学生たち……103

第5章　カリキュラム……127

第6章　菊池武夫の「法学通論」講義……153

第7章　土方寧の「契約法」講義……179

第8章　進　路……205

第9章　卒業（明治22年2月7日と11日）……217

エピローグ………………………………………227
あとがき…………………………………………235
参考文献…………………………………………237

※本書は以下の担当により執筆された

森　　光　▶プロローグ，第1章，第2章（分担），第4章，第5章，第8章，第9章（分担），エピローグ

北井辰弥　▶第6章，第9章（分担）

宮丸裕二　▶第3章

矢澤久純　▶第2章（分担），第7章

プロローグ

1　ニコライ堂から見る江戸・東京

　江戸城の北側に，駿河台と呼ばれる高台がある。この高台，もとは本郷台地と一体であった。しかし，2代将軍徳川秀忠の御代，江戸城の外堀をつくるために大規模な掘削工事が行われ，これにより本郷台地と切り離された。駿河台という名称は，江戸の全域を見渡すことのできる風光明媚なこの土地に，駿河より戻ってきた家臣たちが屋敷を構えたことに由来する。

　時代はかわって明治となり，この駿河台の上に一つの教会が建てられることになった。カトリックやプロテスタントといった西ヨーロッパ系の宗派ではなく，ギリシアやロシアを経由して伝わったギリシア正教会系の教会である。正式な名称は東京復活大聖堂というが，この教会で布教にあたったロシア人宣教師の名をとったニコライ堂という愛称の方がよく知られている。

　創建当初のニコライ堂には，ドームと尖塔が一つずつあった。ドームの高さは，約35メートルである。今でこそ大した高さではないが，当時の普通の建物が高くとも3階建て程度しかなかったことを考えると，駿河台の高台の上に建つ異教の建物は，あたりを睥睨するかのように聳え立っていたに違いない。

　さて，高い所があれば，登ってみたくなるのが人情である。明治22年（1889），ある人物が建設中のニコライ堂の足場の上に立ち，そこから東京の町並みを写真に収めた。そのうちの3枚の写真を見てみよう。

　写真Aは，ニコライ堂から南南東（淡路町から神田橋の方向），写真Bは南南西（小川町，錦町），写真Cは西南西（神保町から九段下の方向）を撮ったものである。この3枚は連続しており，全体でニ

写真A | 淡路町・美土代町から，神田・築地方面を望む。出所：中央大学図書館所蔵『全東京展望写真帖』明治21年

コライ堂の南から西にかけて約100度分が映っていることになる。

　3枚の写真のいずれにも，その奥の方に，かつての江戸城が映っている。かつて将軍様が住んでいたこの場所に明治天皇が移り住んだのは，この写真から遡ること20年ほど前のことである。その時15歳の少年であった天皇も，写真の頃には30代後半の壮年を迎えつつあった。

写真B | 小川町・錦町を経て，大手町方面を望む。出所：中央大学図書館所蔵『全東京展望写真帖』明治21年

　写真Cの中央下付近に，2階建ての壮麗な洋館が見える。この館の主は，戸田氏共伯爵。もとは大垣藩の藩主であったが，廃藩置県後，巨額の金禄を受け取って資産家となり，華族に列せられている。彼の妻は維新の梟雄，岩倉具視の娘，極子である。時は華やかな鹿鳴館時代。西洋の物真似のダンスパーティーが繰り広げられる中，彼女は「鹿鳴館の華」と称された。ちなみに，戸田伯爵邸があったのは，後に中央大学（この本の主人公である英吉利法

写真C | 神保町から九段下方面および戸田伯爵邸を望む。出所：中央大学図書館所蔵『全東京展望写真帖』明治21年

律学校の後進）の駿河台キャンパスとなる場所である。

　同じく写真Cの中央部上方に，平行に3棟がならんで立つ2階建ての洋館が見える。これは，東京大学予備門である。江戸城，一橋門前のこの地には，江戸時代，オランダ語を中心とする洋書の翻訳・研究を行う蕃書調所があった。ここでは，オランダ語教育も行われていた。明治になっても，この地での洋学教育は続けられる。しかし，この地の学校は時代に翻弄され，大学南校，開

成学校，第一番中学などと，名称がころころ変わった。またその性質についても，中等教育のための学校なのか，高等教育のための学校なのか，方針が決まらなかった。明治10年になり，文部省直轄下の高等教育機関としての位置づけがようやく明確になり，その名を東京大学とした。しかし，この時点では，政府の政策に直結する人材を養成するために工部省や司法省や陸・海軍などの各省庁が独自に設置した教育機関の方が勢いがあり，この学校は，やや影の薄い感があった。この学校が大きくその性質を変化させるのは，明治10年代後半に入り，伊藤博文の下，森有礼が教育制度改革を行ってからのことである。各省庁独自の学校を吸収合併して国の唯一の大学となり，明治19年，その名を帝国大学と改めた。そして，駿河台の後方にある本郷台地の広大な旧加賀藩上屋敷に徐々に施設を移転し，写真Cの時点では，移転をすべて完了した。その結果，この地には，帝国大学に進学する者に予備教育を施すための大学予備門（後に，旧制高校となる）のみが残されているにすぎない。ちなみに，これもまた後に移転し，この場所には，一橋大学の前身となる東京商業学校が置かれることになる。

　写真Aに目を戻してみよう。中央には，小さな和風の建物が密集して建っている。この場所が神田である。江戸時代，武家屋敷には広い敷地が割り当てられていたが，町民の家の敷地は狭かった。武家屋敷のならぶ写真Cの下の方や，写真Bや写真Cの町並みと比較すると，その違いは明瞭であろう。

　写真Aの上方は，今の呼び名でいうところの大手町・丸の内である。ここは，かつて大名屋敷がならんでいた場所である。全国各地の大名が参勤交代で江戸にやってきた時に利用していた屋敷

は，明治になって不要となり，このあたり一帯が巨大な空き家地域になった。そこに明治政府の各種の施設が建てられた。当時の最高裁判所である大審院があったのも丸の内である。やがてこの大審院のトップに立つのが，宇和島出身の士族，児島惟謙であり，彼を有名にする大津事件が起きるのは，写真の時点から2年後のことである。

　今日の丸の内は，その中央に，東京駅がある。しかし，この写真Aをいくら目をこらして見ても，駅舎を見つけることはできない。近代的建築家の第1世代の第一人者である辰野金吾の設計にかかる赤煉瓦造りの重厚な駅舎ができるのは，撮影から25年も先のことなのである。写真の時点では，鉄道は，南は新橋，北は上野までしか開通していない。

　最後に写真Bを見てみよう。その上方に，他とは際立って高い洋館が見える。この洋館こそが本書の主人公，英吉利法律学校のキャンパスである。この学校の創立は，明治18年。写真の時点から4年前のことである。写真に映る新校舎は，まさしく落成したばかり。多数の学生を集め，その名の通り，イギリス法を中心に教育する学校である。校長はバリストル（バリスター▷弁護士）増島六一郎。法学教育の黎明期であるこの時代，彼は時にイギリスの法服と鬘をまといつつ，多事奔走している。

　それでは，ニコライ堂を降り，駿河台を下って，先ほど見た大学予備門のある江戸城一橋門の方に回り，そこから堀に沿ってこの学校の方に行ってみることにしよう。写真では遠いように見えるが，一橋門まで，ゆっくり歩いても15分ほどの道のりである。

2　煉瓦造りの校舎

　一橋門に着いたところで，地図を広げてみよう。内務省地理局が発行した「東京実測全図」(明治18年) を開いてもらいたい (本書10-11頁参照)。この地図を見ながら移動することにしよう。

　一橋門を城の方へと渡ってすぐ左側 (地図で言えば，一橋門の東側) には，かつて徳川御三卿の一橋家の屋敷があった。これは，当時陸軍の用地となり，軍馬関係の施設として使用されている。この反対側 (地図で言えば，一橋門の西側) には文部省があり，その先の橋は竹橋という名前をもつ。明治11年 (1878)，この奥に駐屯する近衛歩兵が西南戦争の論功行賞に対する不満により，反乱を起こした。この事件は竹橋事件と呼ばれている。

　それでは，一橋門から堀の外側を東に向かって歩くことにしよう。歩き出してすぐ左側には，先ほど，駿河台から見た大学予備門がある。地図にはまだ東京大学と記されている。さらに東に向いて進み，ゆるやかな道なりに右折すると，学習院跡地の横を通り過ぎる。公家の子弟のための学校が京都より移転し，ここに校地を構えているが，数年前の大火の際，いくつかの校舎が焼失した。

　学習院の敷地の角を左に曲がろう。ほぼ正面に，駿河台上に聳えるニコライ堂が見える。このあたりは錦町と呼ばれる地域で，かつて幕府の旗本たちの屋敷がならんでいた場所である。今は，この界隈には，京都から下ってきた公家の屋敷がある。右側に徳大寺家，三条家の屋敷を見ながら北に向かう。学習院の角のT字路を直進すると，左側に，英吉利法律学校の校舎が見えてくる。

写真D | 英吉利法律学校新校舎（明治22年〔1889〕12月落成）。出所：中央大学大学史編纂課所蔵資料

　この位置から見える校舎が写真Dである。威風堂々とした，なかなかの建築物である。この校舎で学んだ人物が，後に次のように回想している。

　　街路に面して建てられたルネサンス式の赤レンガの二階建で，アイオニア式の柱頭をもった附柱の並んだ，そのころの学校としてはすばらしく宏壮でもあり，装飾的でもある，立派な建物だった。　（長谷川如是閑『ある心の自叙伝』筑摩叢書，1969年，104頁）

　明治初期より，洋風の建築物は全国各地に建てられた。しかし，それは大工職人たちが言わば見よう見まねで造った，外国風テイストをもった木造建築であった。これに対し，英吉利法律学校の校舎は，本格的な洋風建築である。

　この校舎の設計者は，辰野金吾。彼は，工部省の設置する工部

プロローグ　　009

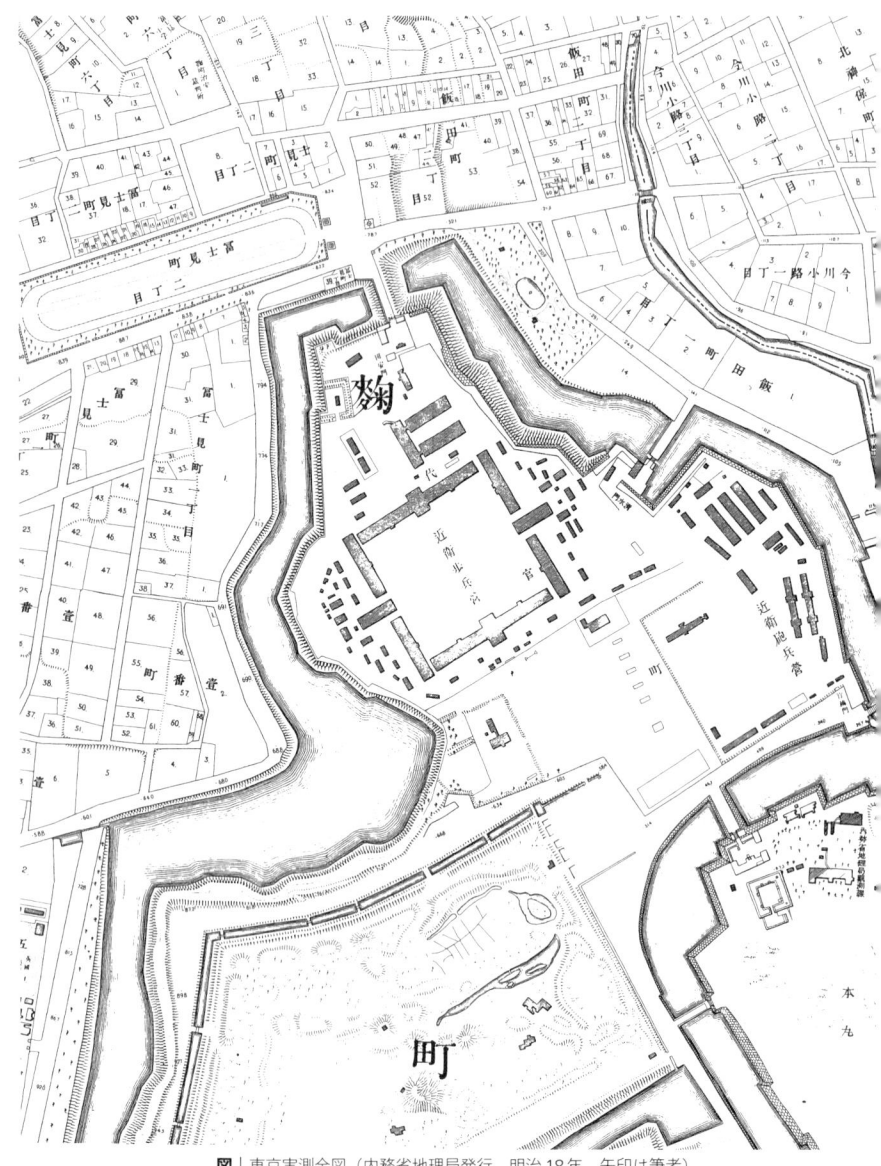

図 | 東京実測全図（内務省地理局発行、明治18年。矢印は筆者）

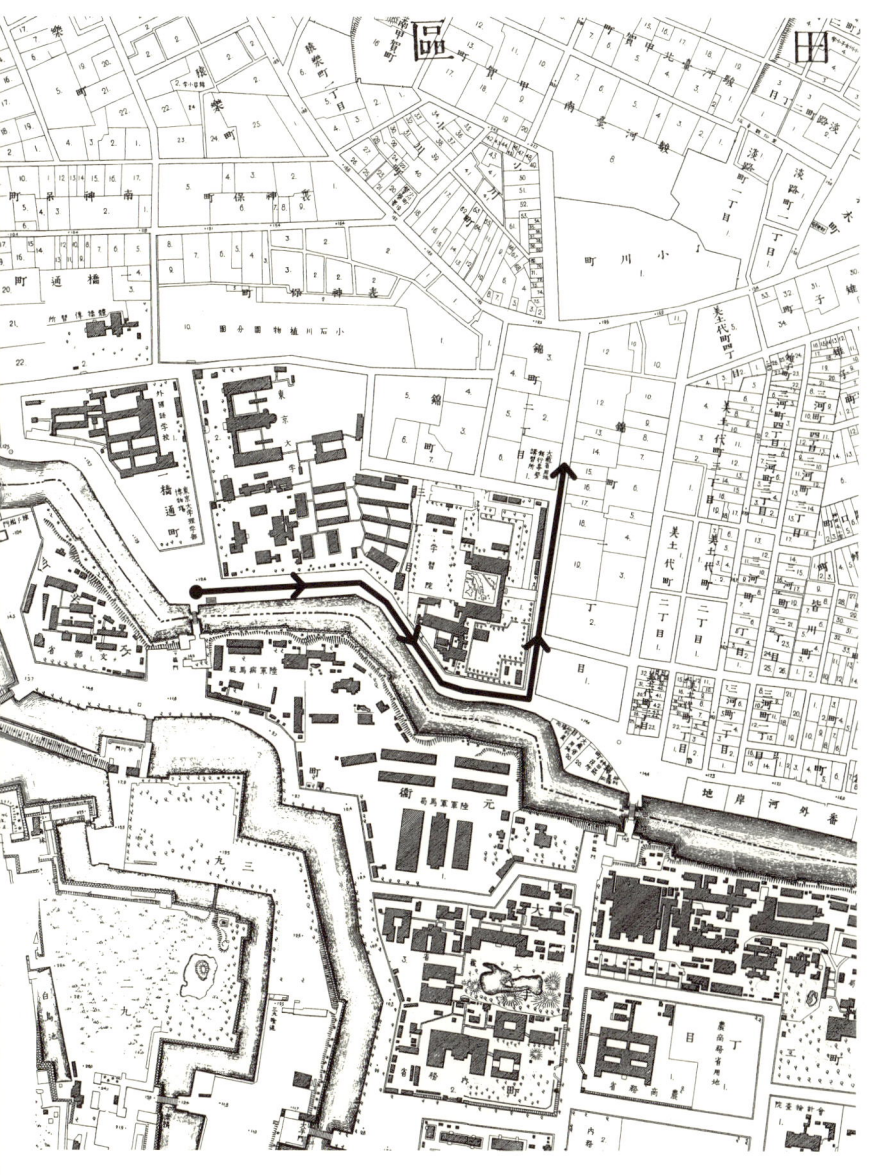

プロローグ　　　011

大学校の建築学科（当時の名称は造家学科）を主席で卒業後，イギリスに留学し，帰国後工部大学校教授となった。この経歴は，分野こそ違うが，英吉利法律学校の創立者の一人，穂積陳重のそれとよく似ている。

3　明治初年世代

　英吉利法律学校の神田錦町校舎では，20歳前後の学生たちが学んでいる。彼らは，時代が江戸から明治に切り替わる頃，この世に生を享けた人々である。

　この世代の人々の中には，文豪夏目漱石，俳人正岡子規，日露戦争の時に海軍で活躍した秋山真之といった人物がいる。政界に名を遺した人物としては，平沼騏一郎，若槻礼次郎がいる。一般の知名度は少し落ちるが，英吉利法律学校の関係者では，花井卓蔵もこの世代に属している。彼は苦学してこの学校に学び，卒業後は弁護士（当時の用語では代言人）となり，後に衆議院議員となった。

　明治初年生まれというと，はるか昔のようにも思える。しかし，明治元年（1868）生まれの者が仮に太平洋戦争終結時まで生きていたとすると，その時，その人はたかだか77歳にすぎない。30年を一世代とすると，平成22年（2010）時の学生の祖父の祖父の世代が明治初年生まれ世代ということになる。こうしてみると，意外に明治の御代も身近に感じられる。

　日本の近現代史の中で，明治初年世代は，はっきり言って，地味な存在である。彼らより上の世代には，西郷隆盛，大久保利通，木戸孝允，坂本龍馬といった維新の英雄がいる。また，初代

の総理大臣となる伊藤博文をはじめ、維新を体験した世代は、長命でやたらに元気のよい者が多い。経済界の重鎮の渋沢栄一、財政家の高橋是清は、維新から明治・大正をすぎ、昭和に至るまで現役で活躍している。逆に、明治初年世代の下の世代となると、これまた太平洋戦争とその後の混乱の歴史を語る際、ポジティブにもネガティブにも名を揚げた人物が多数いる。このようにアクの強い二つの世代に挟まれた明治初年世代は、どうしても影が薄くなってしまう。

しかし、影が薄くとも、彼らが何もしなかったわけではない。一般的に言って、歴史叙述は、戦争や動乱、災害に目が行きがちである。社会が大きく変化したり、数多くの人命が失われた事件が叙述の中心に置かれる。高校の世界史の教科書を通読してみると、人類の歴史は、ほとんど戦争の歴史であるかのような印象を受ける。しかしながら、この見方は一面的なものでしかない。人々が平和に安定した生活を送るため、着実な努力を継続的に積み重ねていたり、安定した状態が持続していると、その時代に注意が向かないだけなのである。

明治初年世代は、少年期までには維新後の混乱も収まり、まだ社会の中で枢要な地位をしめる以前に日清、日露戦争を経験する。そして、ほぼリタイアした頃に満州事変、太平洋戦争を迎える。彼らが働き盛りの30代後半から40代の頃、ちょうど日本は、束の間の平和な時代を迎えていた。この時代は、いわゆる大正デモクラシー運動が盛んになる時代である。

明治初年世代の歴史上の使命は、維新世代の人々からバトンを受け継ぎ、安定的な社会秩序を実直に建設していくことにあった。それも、突出した天才のスーパープレーによる偉業ではな

く，数多くの人々による継続的共同作業としての秩序構築が期待されていた。そして，この世代の人々が生きた後には，今日の日本の基盤をなす法制度，経済・商業上の制度が確立されていた。

　時代が明治になり，欧米から日本に法学という学問がもたらされた。この学問は，源を辿ると，古代ローマにまで行き着く。これは，多くの人々の共同作業により，社会秩序を維持し，人々の間に平和と安定をもたらすことを目指す，優れて実践的な学問である。

　法学を初めて学んだのは，明治初年世代より10歳ほど年長の人々である。彼らは司法省法学校や東京大学で教育を受けた。しかし，その教育は，フランス人や英米人によって，フランス語または英語で行われるものであった。また，何名かは，アメリカ，イギリス，フランスに留学する機会を与えられた。彼らの法学の学習は大変な労苦を伴うものであったが，この教育を受けた人々は，大変に幸運であった。まだ教育制度が整っていない段階で，偶然に手にした教育の機会であった。彼らは，このことをよく自覚していたのであろう。一通りの勉学を終えた段階で，彼らは，後進のため，自ら学んだことを教え始める。それも，自ら学校をつくり，学生を集め，手弁当で教育を始めるのである。

　明治13年，専修学校（現在の専修大学）が産声をあげた。その後も，明治法律学校（現在の明治大学），東京法学校（現在の法政大学の前身の一つ），東京専門学校（現在の早稲田大学）といった法学を教授する学校が次々に設立される。また，明治19年には，東京大学が帝国大学と改称し，法学部に司法省法学校を吸収させ，官吏養成学校としての役割が期待されることになる。こうしてみると，この時期までに今日の法学教育を担う学校の多くがその歩み

を始めていることがわかる。これらの学校の法学の教授陣は，そのほとんどすべてが明治になってフランス語または英語で法学を学んだ若き法律家である。つまり，この時期に，日本人の手による新日本の秩序を担うための法学教育が始まったのである。本書の主人公英吉利法律学校も，こうした学校の一つである。

　日本人による日本語での法学教育の黎明期は，どのようなものだったのであろうか。どういう学生が集い，どういう教師のいかなる授業が行われていたのであろうか。そして，明治初年世代の学生たちの前には，どういう現実が待ち受けていたのであろうか。このような疑問をもちつつ，英吉利法律学校という一つの学校を見ていくことにしよう。

Column 1. 建築家の師弟―コンドルと辰野金吾

　明治10年（1877），25歳の若き英人建築家ジョサイア・コンドル（Josiah Conder, 1852-1920）が来日した。工部省の設置する工部大学校造家学科（今でいう建築学科）の教授として，招聘されたのである。本格的な建築家の初の来日であり，彼は，教授としての仕事の他，鹿鳴館，ニコライ堂，三井倶楽部などの設計に携わる。

　コンドルの教え子，工部大学校第1期生の一人に，辰野金吾（1854-1919）がいる。佐賀唐津藩の下級武士に生まれた辰野であったが，幸運にも官立の工部大学校に入学するチャンスを得た。そして，造家学科1期生の首席となり，卒業後ロンドンに留学する。明治16年に帰国した彼は，その翌年に工部大学校教授に任ぜられ，この時，コンドルは解雇される。

　この後，辰野は，日本の建築界の重鎮となる。明治29年には，彼が再度の洋行の上で設計した日本銀行本店（重要文化財）が完成する。また，大正3年（1914）には，3階建て赤煉瓦建築の東京駅の駅舎を設計し，完成させた。なお，余談であるが，彼の息子である辰野隆は，後に中央大学文学部教授となる。

　工部大学校を解任されたコンドルであったが，その後も生涯日本に残り，建築事務所を開いて様々な建築を手がけている。特に，丸の内の赤煉瓦街の建設は，彼の力に負うところが大きい。

第1章
法律家が足りない

1　若き創立者たち

　英吉利法律学校には、18名の創立者がいる。18という数は尋常ではない。今日まで続く多くの私学がこの時期に産声をあげているが、大抵、創立者は一人である。慶應義塾大学の福沢諭吉、早稲田大学の大隈重信、同志社大学の新島襄といった人物の名がすぐに浮かぶ。複数の創立者を擁するところでも、明治大学の岸本辰雄ら3名、専修大学の相馬永胤ら4名、法政大学の梅謙次郎ら2名といった程度である。

　ともかく、この18人を概観する一覧表を見てみよう（表1-1）。率直に言って、この一人ひとりは、日本史上、さほど名の知られた人物ではない。法律の世界に限っていえば、穂積陳重は、それなりの有名人であるが、外の世界にまでその名が轟いているとは言えない。

　一覧表を見てみると、創立者たちに、いくつかの共通点があることが見出される。まず全員が若い。最年長者の高橋一勝でも32歳でしかない。多くは30歳前後であり、一番若い奥田が25歳である。次に、山田喜之助を除く全員が武士の生まれである。薩摩や長州といった、その頃幅をきかせていた藩閥につながるのは、江木と渡辺の二人だけである。また、一覧表からは読み取れないが、この創立者たちは、武士の中でも身分が高い方ではない。多い方でも高橋一勝の600石や穂積の250石、増島の230石といったところである。

　18名の経歴をすべて辿っていくことは困難であるし、また、無理にそれをすると、一人ひとりの印象が弱まってしまう。そこで、ここでは、18名の中から、穂積、増島、渡辺の3名に絞っ

氏名	生没年	出身地	東大卒業年	職業	のちの経歴
合川正道	1859-94	美濃	1881卒	元老院権少書記官	法務局参事官　弁護士　東京高商教授
磯部　醇	1859-1936	美濃	1883卒	弁護士	大審院判事　弁護士
江木　衷	1859-1925	岩国藩	1884卒	警視庁御用掛	外務・内務省参事官　弁護士
岡村輝彦	1855-1916	鶴舞藩	1876留学	大審院判事	横浜始審裁判所長　弁護士　中大学長
岡山兼吉	1855-94	花房藩	1882卒	弁護士	弁護士　代議士
奥田義人	1860-1917	鳥取藩	1884卒	太政官御用掛	農商務省次官　中大学長　司法大臣　東京市長
菊池武夫	1854-1912	盛岡藩	1875留学	司法省少書記官	司法省民事局長　弁護士　東京法学院長　東京法学院大学長　中大学長
渋谷慥爾	1854-95	佐賀藩	1885卒	弁護士	弁護士　初代幹事
高橋一勝	1853-86	川越藩	1879卒	弁護士	弁護士
高橋健三	1855-98	曽我野藩	1878中退	太政官権少書記官	官報局長　大阪朝日新聞客員　内閣書記官長
西川鉄次郎	1854-1932	斗南藩	1878卒	文部省権少書記官	大審院判事　長崎控訴院長
土方　寧	1859-1939	高知藩	1882卒	東大助教授	東大教授　法科大学長　貴族院議員
藤田隆三郎	1856-1930	宇和島藩	1878卒	外務省権少書記官	名古屋控訴院長
穂積陳重	1855-1926	宇和島藩	1876留学	東大教授　法学部長	法科大学長　学士院長　枢密院議長
増島六一郎	1857-1948	彦根藩	1879卒	弁護士	弁護士　英吉利法律学校校長
元田　肇	1858-1938	杵築藩	1880卒	弁護士	弁護士　代議士　逓信相　鉄道相　衆議院議長
山田喜之助	1859-1913	大阪	1882卒	司法省権少書記官	弁護士　代議士　司法次官　衆議院書記官長
渡辺安積	1859-87	岩国藩	1882年	農商務省権少書記官	第2代幹事

表 1-1 | 英吉利法律学校 18 名の創立者
出所：山崎利男『英吉利法律学校覚書　明治前期のイギリス法教育』他

て見ていくことにする。この3名が英吉利法律学校創立の中心的人物であったからというわけではない。18名の経歴にはいくつかのパターンがあり、それぞれのパターンの典型的な人物として

第1章　法律家が足りない　019

3名を選んでいる。

2　宇和島藩出身，穂積陳重

　穂積陳重は，安政2年（1855），宇和島藩の250石の武士の家に生まれた。彼はこの家の次男であった。宇和島は，四国愛媛の南西部にある。今でこそ高速道路の整備も進み，愛媛の中心の松山から車で2時間半ほどの距離であるが，それ以前は，おそらく車でも1日がかりの行程であった。

　宇和島は，伊達家が藩主を務める。江戸時代初期に，伊達政宗の長男秀宗がこの地10万石を与えられた。彼は豊臣秀吉の猶子であり，徳川幕府の下で仙台の本家を継ぐことが困難であったため，この地に別家を興した。幕末になると，藩主伊達宗城の下，興味深い動きがいくつかある。例えば，高名な蘭学者で，蛮社の獄に連座して獄中にあった高野長英は，脱獄後，この地にしばらく潜伏している。また，日本陸軍創始者の大村益次郎は，一時期，宇和島藩に出仕し，蘭学を教授している。さらに，宇和島の北約20キロに位置する卯之町には，シーボルトの高弟二宮敬作が診療所を開き，一時期，ここにはシーボルトの娘も滞在していた。このように，宇和島は，他藩に先駆けて蘭学を重んじた地である。しかし，宇和島藩士の次男の穂積陳重がその恩恵に直接与ったというわけではないようである。

　穂積陳重は，藩校明倫館に7歳から通う。ここで彼は頭角を現し，幼君伊達宗陳の相手役にも抜擢される。次男であった彼は同じく宇和島藩の武家入江家の養子となり，入江陳重となる（なお，彼はこの養子縁組をドイツから帰国後に解消し，渋沢栄一の娘と結婚する）。

当時の宇和島には，西洋の言語や学問を学ぶ洋学所もあったが，陳重はここには通っていない。この後，明治維新が起こらなければ，陳重は入江家の当主を務め，宇和島藩で，堅実で平凡な一生を終えていたことであろう。

慶應3年（1867），大政奉還が行われ，翌年，戊辰戦争が勃発する。この大きな変革は，3年後，陳重の身にも変化をもたらす。明治3年（1870），明治政府は，新政府の新たな人材を養成するため，各藩に人材を提供するよう要請した。この推薦を受ける学生は貢進生と呼ばれ，政府の学校，大学南校で学ぶものとされた。陳重は，その学業の優秀さゆえに，この貢進生に選ばれたのである。

大学南校には，全国から学生が集まってきた。その中には，岡村輝彦や菊池武夫といった英吉利法律学校の創立者の名も散見される。また，ここには小村寿太郎や三浦（鳩山）和夫も参集した。小村は，後に日露戦争の講和会議の全権としてロシアと交渉し，この戦争を終結に導いたことで知られている。また，三浦（鳩山）和夫は東京大学講師を務め，後に早稲田大学の前身である東京専門学校の校長，衆議院議長などを務める。また，彼は鳩山一郎の父，鳩山由紀夫の曾祖父としてその名が知られる人物である。他にも，この時貢進生に選ばれた者の中には，後に日本の各界の中心的な人物となった者が多い。明治政府の教育制度が全くと言ってよいほど整備されていないこの時点で，たまたま貢進生に選ばれたことは，大きなチャンスを得たことを意味する。

大学南校は，その後，南校，第一学区第一番中学，開成学校，東京開成学校と，短期間にめまぐるしくその名称を変える。その中にあって陳重らの第1期生たちは，勉学に励んでいく。明治8年，文部省による留学生派遣が決定され，三浦和夫を筆頭に，小

村，菊池らが選ばれ，アメリカへと渡った。留学生の選考は成績順で行われ，陳重は第1回の派遣の選にこそ漏れたが，翌年は主席で選出された。穂積ら第2回の留学生の派遣先はイギリスであった。結果的に言えば，アメリカに留学するよりイギリスに留学したことが陳重の未来を切り開くことになる。

イギリスに留学した彼は，ロンドン大学キングス・カレッジ，そしてミドル・テンプル（この学校については後述する）に学んだ後，ドイツへの移動を希望する。イギリス滞在中，ドイツの法学がより盛んであることを知り，同地での勉学を強く希望したのである。そして，この願いは聞き届けられ，明治13年にベルリンに移る。彼のこの留学先の変更は，我が国の法学がドイツにその後大きく傾斜していく一つのきっかけとなる。しかし，彼のドイツ滞在は1年にも満たないものであった。

明治14年，陳重は4年間の留学を終えて帰国する。これと同時に，彼は東京大学法学部の講師となる。なお，彼より早く帰国した三浦和夫も東京大学の講師を務めていたが，翌15年にこの職を辞す。また，同じ年に穂積陳重は法学部長となる。

この当時の東京大学法学部は，今日とは比べようもないほど小さなものである。学生は1学年10名程度であり，法学の教師は専ら外国人が務める。明治15年の段階では，日本人教員は，穂積の他，国学者が一人いただけである。そうであればこそ，20代半ばにすぎない穂積が学部長になったことも納得できる。以後，穂積陳重は，東京大学教授として，同大学法学部発展の礎を築いていくことになる。ちなみに，この大学が今の東京大学のイメージに合うものに変わるのは，明治19年に名称が帝国大学と改められた後のことである。その時，法学部には，政府の意向によ

り，高級官吏養成機関としての位置づけが与えられることになる。

3 彦根藩出身，増島六一郎

　増島六一郎は，安政4年（1857），彦根藩弓術師範230石の家に生まれた。10歳の時，大政奉還を迎える。そして，早くも13歳の時，彼は上京する。この翌年より，彦根藩はアメリカ人教師を招聘し，彦根藩法学校を開設しているが，増島はここで学んではいない。

　彦根は井伊家の治める地である。徳川家康の早くからの家臣であった井伊直政が，彦根藩の始祖である。甲斐の武田家が滅亡した後，直政が武田の遺臣を雇い入れ，いわゆる「井伊の赤備え」の始まりとしたことはよく知られている。井伊家は徳川家康の信頼が厚く，江戸と京都を結ぶ交通のまさしく要衝の地，彦根を領土として与えられた。この井伊家からは，幕末，大老井伊直弼が出ている。直弼が桜田門外の変で殺害された後，幕府は井伊家の所領を減らした。彦根藩は，戊辰戦争で幕府を早々に見限り，薩長サイドについているが，その遠因がこの処遇にあったとも言われている。

　閑話休題。東京に出た増島は，外務省直轄の外国語学校に入り，英語を学ぶ。この学校は，増島の在学中に開成学校と合併する。開成学校は，穂積陳重が学んだ学校である。明治10年（1877），開成学校は東京大学と改称する。そしてその2年後，増島は主席で卒業する。この時の卒業生に，創立者の一人，高橋一勝がいる。

　卒業後，東京大学予備門（後の第一高等学校，東京大学教養学部）の教師をしていた増島に，留学のチャンスが訪れる。三菱の岩崎

弥太郎が，彼とその他2名の東京大学法学部卒業生に，留学費用の提供を申し出たのである。これにより，増島は，イギリスに留学するチャンスをつかんだ。

穂積と増島の年齢差は，わずか2歳にすぎない。しかし，この差は大きな違いを生んだ。穂積の留学は文部省の留学生派遣制度によるものであるが，これは2年間で一旦終了した。第1回には三浦（鳩山）和夫や菊池武夫らが派遣され，第2回には穂積らが派遣された。この制度は，ほとんど大学南校・開成学校の学生を対象とするものであったが，この学校が校名を東京大学に改めた頃には，この制度は存在しなくなってしまった。これにより，わずか数年遅れただけで，留学のチャンスは与えられなくなってしまった。三菱による資金提供は，そういう中，増島が得た僥倖だったのである。

ちなみに，明治初期の海外留学には，大雑把に分けると，次のようなパターンがある。①藩の政策によるもの，②明治政府の政策によるもの，③私費によるものである。専修大学の創立者である相馬永胤や駒井重格は，この第1パターンに属する。前者は彦根藩によって，後者は桑名藩によって派遣されている。この形態で派遣された者は，日本国内での教育制度を受けることなく，直接海外で勉学を始めた。穂積，三浦（鳩山），菊池らの留学が第2パターンである。彼らは貢進生となり大学南校・開成学校に学んでいたからこそ，この恩恵に浴することができた。この他，工部大学校に学んだ辰野金吾の留学もこのパターンに属する。この二つの形態の留学は，実数ではそれなりの数に及ぶが，廃藩置県によって藩が消滅すると第1パターンは消滅し，第2パターンは続いたものの，官職に就いた後の留学という形態がとられるように

なり，誰にでもチャンスがあったわけではない。そうなると，あとは私費留学となるが，その費用を賄えるのは，大名家などごく一部に限られている。こうして見てみると，かえすがえすも，増島のつかんだチャンスは貴重なものであった。

　渡英した増島は，イギリスで，ミドル・テンプルに学ぶ。これは，穂積陳重が学んだ学校でもある。この名称は，かつてこの学校がロンドンのシティ寄りにあるインナー・テンプルと，郊外のアウター・テンプルとの間にあったことに由来する。穂積や増島の書類では，ミドル・テンプルは「中央法院」と訳されている。後に，創立者の一人，土方寧もここに留学する。英吉利法律学校は，後年，中央大学という名前になるが，この名称の由来は，一説ではミドル・テンプルの翻訳名「中央法院」に由来すると言われているが，確証があるわけではない。

　ミドル・テンプルで2年余り勉学した増島は，明治16年，見事，バリストルの資格を得て，日本へと帰国した。帰国後，彼は，弁護士（代言人）として仕事をするかたわら，明治義塾（明治大学の前身である明治法律学校とは別の学校である）で教鞭をとり，明治18年を迎えることになる。なお，増島という人物については，第3章で詳しく述べることにする。

4　岩国藩出身，渡辺安積

　渡辺安積は，安政6年（1859），今の山口県の岩国に生まれた。岩国の領主は吉川(きっかわ)家で，その祖は，吉川広家である。広家は，姓こそ異なるが，戦国時代の中国地方の覇者，毛利元就の孫である。毛利元就というと，3本の矢を用いて，息子3人に力をあわ

せることの大切さを教えたという逸話が有名であるが，その息子の一人が吉川広家の父である。

　戦国時代末期，毛利家は，中国地方で100万石以上の領土を治め，吉川家も，その傘下で11万石の領土を有していた。しかし，関ヶ原の戦いで西軍の大将に担がれた毛利輝元は，この戦いに破れて領土を大きく削られ，今の山口県に相当する周防・長門の2州（36万9千石）を残すのみとなった。これに伴い，吉川家の所領も岩国3万石となった。ちなみに，吉川家は大名に相当する石高をもちながらも，明治に至るまで，幕府の諸侯の列に加えられることはなかった。一説には，関ヶ原の戦いでの吉川広家の失策が原因で毛利本家との関係が悪化したためと言われているが，真偽のほどはよくわからない。

　大政奉還の年，渡辺安積は8歳である。本来であれば，この歳には藩校で学ぶはずであるが，維新の混乱の中，藩校はこの時期閉鎖されていた。

　渡辺が漢学を学ぶ藩の学校に入ったのは，彼が10歳の時である。その翌年，彼は，当時としては大きな幸運に恵まれる。岩国の地に英語を学ぶ学校ができたのである。教師は，イギリス人スティーブンス（H. S. Stevens）なる人物である。明治初頭の地方都市には珍しいことである。ここに通ったことが渡辺の人生を切り開くことになる。

　渡辺は山口中学に一旦入学するも，明治7年（1874）に上京し，まずは共立学校に入学する。そして，その翌年には東京英語学校，さらにその翌年の明治9年には東京開成学校に入学する。この学校は，渡辺の在学中，東京大学予備門と改称する。そして，明治11年，東京開成学校からその名を改めた東京大学法学部に

入る。この時,最終学年に増島六一郎や高橋一勝がいる。また,渡辺の同期には,土方寧,山田喜之助,岡山兼吉がいる。

　彼のこの経歴は,彼より8歳年下の俳人正岡子規の経歴とよく似ている。四国愛媛に生まれた正岡子規は,明治16年,16歳の時に上京し,渡辺も学んだ共立学校に入学する。この共立学校は,後に開成中学,開成高校となる。その後,彼は東京大学予備門に入学する。渡辺も学んだこの学校は,後の第一高校,そして東京大学教養学部となる学校である。正岡子規の世代になると,ほぼ中等,高等教育制度が整備され,子規は,そのレールに乗っていることがわかる。この教育の階梯は,すでに渡辺の時代には,ほぼでき上がりつつあったと言える。

　渡辺が東京大学法学部を卒業したのは,明治15年である。この年の東京大学の卒業生は,総数で66名,そのうち法学部は8名にすぎない。この年の文学部の卒業生4名の一人に,後に早稲田大学の運営に深く寄与する高田早苗の名前が見える。渡辺は,卒業後,東京日々新聞に入社,明治17年には,東京大学の准講師に任じられる。そして,明治18年を迎えることになる。

5　法典編纂という課題

　ここで時間を少し巻戻し,明治初年に立ち返ることにしよう。

　明治6年(1873)11月,横浜港に一人のフランス人が降り立った。彼の名はギュスタフ・エミール・ボアソナード(Gustave Emile Boissonade)。パリ大学の助教授であり,この年48歳。明治政府の顧問として日本に招聘された。

　今でこそフランスと日本はわずか10時間余りの距離である。

しかし，飛行機のない当時のこと，彼の旅は3カ月にも及んでいる。さらに，ヨーロッパから見ると，はるかかなたのこの異境の地に，当時としては初老とも言ってよい彼が来るには，相当の覚悟が必要だったであろう。
　明治も6年ともなると，外国人の来日そのものは，特段，珍しいものではない。イギリスやアメリカをはじめ，各国の商人が長崎や横浜に来航している。東京の築地にも，早くも明治2年には外国人居留地がつくられている。いわゆるお雇い外国人も多数，来日している。しかし，その中にあって，パリ大学の助教授というボアソナードの経歴は異彩を放っている。ボアソナードの来日の背景には，当時の日本が直面していた重大な問題が存在していたのである。その問題の解決のキーマンがボアソナードであった。
　徳川幕府から明治政府への転換は，単なる政権の交代ではなかった。250年にもわたる徳川家の支配に代わり，長州の毛利家，あるいは薩摩の島津家が天下をとり，鎌倉，室町，江戸に続く，新たな幕府が開かれるわけではなかった。そうではなく，全く新たな政治体制，すなわち天皇を中心とする中央集権体制の構築が目指されることになった。そのため，明治政府は，政権掌握後すぐに，諸藩が割拠する体制を変えるべく，版籍奉還に続き廃藩置県を断行した。
　しかし，なぜこうした大々的な改革が必要だったのであろうか。廃藩置県の詔の中で，その理由の一つとして，「万国対峙」の実現があげられている。
　19世紀の欧米を中心とする国際社会は，国家を最小単位とする社会である。この社会を構成する国家は，それぞれ独自の領土をもち，国民をもち，政府をもち，それぞれが主権を有してい

る。そして，こうした国家は，それぞれ対等であるとされる。

　今日では，ヨーロッパ系でも，アジア系でも，アフリカ系でも，独立国家の平等性は国際社会のゆるがすことのできない前提となっている。しかし，19世紀の段階では，国際社会は，欧米中心に構成されている。すなわち，欧米諸国は，自らを文明国であるとする一方，アジアやアフリカの諸国は，非文明国，あるいは文明化の遅れた国として，自らより1段低い存在と見ている。そして，こうした国々を一応は独立国として承認しても，自分たちと対等な存在とは見ていなかった。

　日本もこうした扱いを受けた国の一つである。江戸時代末，日本は欧米各国との間に，自らに不利な形での不平等条約を締結した。その第1のものが1858年の日米修好通商条約である。この条約の中で，日本は，アメリカの領事裁判権を認め，またアメリカからの輸入品への関税額は，両者の協定で決めるものとした。

　領事裁判権を認めたことにより，アメリカ人が日本国内で犯した犯罪は，日本の法にしたがって日本人によって裁かれるのではなく，アメリカ法にしたがってアメリカ人によって裁かれるものとなった。他方，日本人がアメリカで犯罪を犯した場合には，アメリカ人によってアメリカ法により裁かれることになる。これでは，アメリカと日本は対等ではない。アメリカ人に言わせれば，文明国ではない野蛮で人権が保障されない国で自国の人間が裁かれてはたまらないということであろう。

　関税を協定で決めるということは，アメリカからの輸入品に関税をかけようとするなら，その額をアメリカと協議して合意しなければならないことを意味する。仮にこの協議がまとまらないならば，関税をかけることはできない。他方，日本からアメリカへ

の輸出品にアメリカが関税をかける場合には、アメリカが自国の独自の判断でその税率を決めることができる。本来、いかなる税金を課すかは、その国の主権に属するものである。一方にだけ制限を課しているのであるから、これも平等ではないことになる。

　こうした不平等条約を徳川幕府は、アメリカ以外にも、オランダ、ロシア、イギリス、フランスと締結する。そして、江戸幕府が崩壊しても、これらの不平等条約は、なおも生き続ける。日本の内部では、大変革であっても、国際社会から見ると、一つの国が継続して存在しているとみなされる。そこで、明治政府は、まずはこの不平等条約を改正し、名実ともに欧米諸国と対等な国家となることが課題となった。しかし、この課題の克服は、思った以上に難しいものであった。いくらこの改正を求めても、日本の法制度が整備されていないことを理由に断わられてしまうのである。

　江戸時代の日本は、けっして野蛮な無法状態にあったわけではない。中国の律令制度を適宜取り入れ、また独自の工夫を重ね、各種の法制度が整備されていた。無論、完全無欠ではないにしても、それなりに安定した秩序が保たれていた。しかし、時は19世紀、欧米諸国は自らのスタンダードでしかものを見ることができず、そのスタンダードからすると、日本には欧米的な法制度がないがゆえに、日本の法制度は整備されていないことになってしまう。欧米中心のものの見方ではあるが、彼らの脅威に晒され、そして彼らと対抗しようとしている日本とすれば、このスタンダードを無視することはできない。そうであれば、欧米型の法整備を行う他には、現実にとるべき方法はない。

　元来、法というものは、人々の永年の営みの中でつくられるも

のである。ある一つの地で生み出された法を、そう簡単に別の場所へと移植することができるものではない。しかし、日本が欧米諸国に対峙しようとした時期が19世紀の後半であったことは、日本にとって幸いであった。なぜなら、18世紀後半より、彼の地で法典編纂なるものが流行していたからである。

　法典編纂とは、英語ではcodification、ドイツ語ではKodifikationという。字義からすると、これは法をコード化すること、すなわち条文化することを意味するが、言外に、「法を条文化しつくす」というニュアンスをもっている。法典編纂というものは、それ以前に文章化されずに存在していた法、すなわち不文の状態にあった法を、文字を使って表現し、何人にも明確に理解可能な形にすることを目指すものである。この目標の下、プロイセンで1794年に、オーストリアで1812年に法典編纂が行われている。

　しかし、なかでも最も大きな影響を有したのは、1804年のフランス民法典の編纂である。これは、フランス大革命の理念の注入を受け、ナポレオンの下で制定された。そして、フランス革命の理念の下、ナポレオン軍の軍靴とともにヨーロッパ各国へと広がっていく。ナポレノンの支配に服したライン川沿の諸領邦は、このフランス民法典を単純にドイツ語に訳して自国の民法典とさせられた。同じ現象は、イタリアでも生じている。仮にナポレオンがロシアの征服に成功していれば、その地にもロシア語版フランス民法典が施行されたことであろう。無論、フランス民法典は、武力のみによって普及したわけではない。19世紀の後半、ルーマニア、ポルトガルといった国は、自発的にフランス民法典にならった自国の民法典を編纂している。

　法が法典という形をとることは、別の見方をすると、他国への

移植もまた可能になるということである。そして，法典さえ備えていれば，欧米流の法整備が行われていると，一応は虚勢を張ることが可能な状況が19世紀の時点で出現していたのである。そして，19世紀の半ばまでは，フランス民法典がヨーロッパの最も先進的な民法典と目されていたことは確かである。

明治初頭，当時の司法卿江藤新平はフランス民法典をとにかく急いで翻訳させた。しかし，その時の翻訳者は，フランス民法典の内容の多くを理解できなかったと述懐している。ヨーロッパの法，特に私法と呼ばれる領域は，19世紀に至るまで実に2000年以上にわたる歴史的発展を内に秘めている。その精華たる法典をいきなり与えられても，すぐに理解できるというものではない。

それでも法典編纂を目指さないといけないのであれば，とるべき方法は二つしかない。一つは留学生を送り出して勉強させることである。しかし，法律学でなくとも，一つの学問を修得するには時間がかかる。そこでもっと手っ取り早い方法として，この道に優れた外国人を招聘することになり，白羽の矢が立ったのがボアソナードであったのである。

日本に来たボアソナードは，実に勤勉に働いた。彼は，司法省の設置する法学校で教鞭をとりながら，まずは刑法典の起草に着手する。明治維新後，刑法は，中国法にならった新律綱領，改定律令といった法典を制定したが，改めて欧米的な刑法典をつくることになった。その第1段階として，政府は，ボアソナードに草案の作成を依頼した。依頼を受けたボアソナードは，日本の慣習も加味しながら，基本はフランス法にならった形の刑法典の草案を明治9年12月に作成した。そして，これに多少の手を加え，明治13年，当時の立法府であった元老院で法案が可決され，明

治15年より施行されることになった。

　また，これとあわせて，刑事裁判の手続を定める治罪法（今で言う刑事訴訟法）も，まずはボアソナードに草案の作成が依頼され，彼は明治11年末までにこれを完成させた。そして，刑法典の時と同様，若干の修正を加えただけで明治13年に元老院で可決，明治15年より施行される運びとなった。このように，明治政府は，ボアソナードに，まずは草案を作成させることで，迅速な法典編纂を実現していったのである。

　そして，いよいよボアソナードに民法典の編纂が依頼されることになった。それは，明治12年3月頃のことである。民法典は，条文数からしても，内容からしても，前の2法典とは比較できないほどのボリュームを有している。そのため，起草には，より長い時間がかかる。彼の草案が一応の完成を見るまで，7年もの時間がかかることになる。そして，その間に英吉利法律学校創立の時を迎えることになる。

　彼の手による民法典草案ができ上がった後，その民法典をめぐって大きな，そして過激な論争が巻き起こることになる。その一方の当事者は，英吉利法律学校を創立した人々である。しかし，これは，本書の対象とする時期のもう少し後の話のことである。

　刑法，治罪法，民法とならんで，憲法の編纂も進められている。憲法については，外交上の要請のみならず，国内でも制定を求める大きな声があがる。明治7年，板垣退助，後藤象二郎，江藤新平らが提出した民撰議院設立の建白書を皮切りに，自由民権運動が盛り上がった。この動きを受け，政府は，翌年，立憲政体樹立の詔を出し，漸進的に立憲政体を実現していくことを約した。また，明治14年には，明治23年の国会開設を約束する勅諭

も発せられた。

　ボアソナードも、適宜、憲法典制定に関わる助言を求められているが、国の基本を形作る憲法については、さすがに外国人に丸投げするという方式はとられず、日本人自身の手によって進められていく。明治15年、伊藤博文を憲法制定の調査のためヨーロッパ、特にドイツ語圏に派遣する。1年半後に帰国した彼が、憲法制定作業の完了に向け動き出している最中に、時は、明治18年を迎えることになる。

6　法律家の養成

　ここで、また少し、視点を変えよう。

　法というものは、文字に記しさえすれば、現実に機能するというものではない。法律を実効性のあるものにするためには、裁判制度が必要である。さらに裁判制度が機能するためには、これを運用する人が必要である。それも、十分な法知識をもち、法適用のトレーニングを受けた人であることを要する。

　小さな村の掟を、小さな村の中で機能させるためであれば、何も専門家は必要ではない。専門家よりむしろ人生経験を積んだバランス感覚のある人に紛争解決を委ねた方がうまくことが運ぶかもしれない。しかし、日本全体を一つの国としてまとめ、国全体で同一の法律を適用させていこうとするならば、そうはいかない。同じ法知識をもち、同じように法適用をすることができる人が多数存在することが必要になる。南は九州、北は北海道まで、どこであっても、同種の事件には同種の判決が下らねばならない。これができてこそ、日本も近代的な法制度を整備したという

ことになる。

　さらに、法律を機能させるためには、法の専門家たる裁判官さえいればよいというわけではない。刑事事件の捜査を行い、訴追をする検察官も必要である。また、弁護士も必要不可欠である。

　刑事事件での弁護士の役割は、比較的わかりやすいかもしれない。無実の者が処罰されることのないよう、刑事被告人のサポートをする弁護士像は、テレビ等でもしばしば描かれている。しかし、民事事件での弁護士の役割は、刑事に負けず劣らず重要である。

　ヨーロッパで形成された私法の世界では、自由で平等な人たちが集まって社会が構成されていることを前提とする。そして、国家はできる限り、この社会に介入せず、人々の自由な活動に任せるべきであると考えられている。したがって、誰かがこの秩序を乱す行動をとったとしても、すぐに国家が介入するのではなく、当事者の訴えがなければ、何もしないし、むしろするべきではない。

　例えば、契約を締結したが、その相手方がその契約を守らないとしよう。もちろん、私法上は、契約を遵守するというルールは存在する。しかし、相手方がこのルールを侵害したからといって、国家権力が介入するわけではない。すなわち、契約を守らないという私法上のルールを侵害したからといって警察がこの相手方を逮捕したり、契約を守るよう強制したりすることはない。この場合、相手方にこのルールを遵守させたければ、民事裁判を起こさなければならない。そして、民事裁判を通じて初めて、相手方はルールの遵守を強制されることになる。

　ここで大事なポイントは、民事裁判を通じて、私法上のルール

の存在が確認されるということである。すなわち，国家は，自ら積極的に私法上のルールを実現させようとはしないのである。したがって，ルール違反がなされた際に，仮に何人も民事訴訟を起こさないのであれば，このルールは存在しないも同然となってしまう。ルール違反に制裁が加えられて初めてルールの存在が確認されるが，それは当事者が訴え出るからこそ可能になるのである。

　そうはいっても，裁判を提起するためには，専門知識が必要である。それは通常の教養を有する人であれば当然もっているというものではない。したがって，実質的には誰でも裁判ができるというわけではない。そこで，法知識を有した専門家のサポートを受けることが必要となる。これが弁護士，あるいは代言人と呼ばれる人なのである。弁護士のサポートを受け，人々がルール違反に対する制裁を自ら求めることによって初めて，私法上のルールは実効性のあるものとなるのである。

　このようにヨーロッパで発達した法制度は，大量の法律家の存在を前提として初めて存在し得るものなのである。法律家が存在しなければ，法典をつくっても，それはお飾りにすぎない。そして，厄介なことに，この専門家は，教育を通じて養成されねばならず，それなしでなされる実務経験のみでは，十分な識見を得ることはできない。

　法律学というものは，専門用語を用い，法律を正しく適用することができるようになることを目指す。これができるようになるためには，少なくとも数年にわたるトレーニングが必要である。法律家というものは，このトレーニングを受けた，ある種の技術者集団とも言うべき存在なのである。

ヨーロッパでは，長い年月の中，法律家の養成システムが発達している。

　イギリスでは，バリストル（法廷弁護士）の自治組織が後進の育成を行っている。バリストル資格取得者は，まずは全員が弁護士として仕事を覚え，その中から裁判官が選ばれる仕組みとなっている。そのため，政府は，法律家養成にほとんど労力を割かなくともよい。

　ドイツでは，大学法学部が法律家を養成する。大学は大きな自治権を有しており，政府の手で教育が行われるわけではない。また，19世紀後半になるまで国家的統一のなかったこの地では，一つの国が自国のために法律家を養成するというシステムは発達せず，各地に点在する大学法学部が国を超えて活躍し得る法律家を輩出していた。各領邦は，この人材を適宜，雇い入れることで，必要な法律家の需要を満たしていた。

　しかし，明治になって初めて欧米の法制度を取り入れた日本では，事情が大きく異なる。そもそもこの地には，法律家を養成するシステムは全く存在しない。そこで，政府自ら，法律家養成に乗り出さねばならなかった。

　それでは，明治初年にあって，いったい何人の法律家を養成することが求められたのであろうか。この問に答えることは，意外に難しい。なぜなら，今日ですら，必要な法律家の数がどれだけであるかは，確たる答えを見出せていないからである。

　平成22年（2010），新司法試験の合格者は約2000名であった。20世紀の終わり頃まで，司法試験の合格者は毎年500名前後であった。しかし，これではあまりにも少なすぎるということで制度改革が行われ，徐々に合格者数が増えるようになった。そし

て，ここ数年は2000名程度の合格者が出るようになったが，最近では，この数が多すぎるという声も出始めている。

現代でもはっきりとした答えを出せない疑問を，過去に関して答えを出すことは不可能であるが，参考となる数字をいくつか出してみよう。明治7年（1874）以降の司法官（裁判官と検察官に相当する）の採用数をまとめると，次のようになる（手塚豊「司法省法学校小史」『明治法学教育史の研究』1988）。

年	全体数	増加数
明治 7年（1874）	298	―
明治 8年（1875）	409	111
明治 9年（1876）	514	105
明治10年（1877）	663	149
明治11年（1878）	724	61
明治12年（1879）	745	21
明治13年（1880）	752	7
明治14年（1881）	973	221

表1-2 | 明治7年以降の司法官の採用数

これを見ると，明治8年から14年まで，平均すると1年に約100名ずつ採用されていることがわかる。

法律家養成の必要性は，明治当初より認識されている。まずは司法省がその内部に学校を設ける。当初の名は明法寮であるが，すぐに司法省法学校と改称される。ここでは，専らフランス人によるフランス語でのフランス法教育が行われた。前述のボアソナードも，ここで教壇に立っている。

しかし，明治5年，この学校に入学した学生の数は，わずか20名にすぎない。そして，この学生たちは明治9年に卒業する。それまでの間に若干の補充が行われ，卒業生は25名となっている。これが司法省法学校正則科第1期生である。この第1期生の

中には，明治大学の創立者岸本辰雄がいる。

　第1期生の卒業を受け，第2期生が募集され，104名が入学した。しかし，そのうち明治13年に専門課程に進んだのは，わずか48名にすぎない。この2期生は入学から8年後，明治17年に卒業した。その総数は37名である。この卒業生の中に，梅謙次郎がいる。彼は後に東京大学の教授となり，また民法典編纂にも携わる。

　第3期生は，第2期生が専門課程に進んだ明治13年に募集され，53名が入学した。また，第4期生65名は明治17年に入学した。しかし，この学生たちは，司法省法学校を卒業してはいない。第3期生が5年生の時，また第4期生が1年生の時，司法省法学校正則科は東京大学に合併し，第3期生は東京大学法学部に，第4期生は東京大学予備門に編入した。

　司法省法学校には，8年コースの正則科の他，明治10年より，3年コースの速成科がスタートした。第1期生は明治12年に47名が卒業した。第2期明治16年の卒業生は，101名であった。そして，第3期生209名が明治16年より学習を始め，彼らが司法省法学校速成科の最後の学生となった。

　司法省法学校とならび，明治初期より法学教育を実施したのが開成学校である。この学校は，明治10年に東京大学と改称する。この学校は，イギリスやアメリカから教師を呼び，英語で英米法を教授している。

　この学校の法学科の第1期生に穂積（入江）陳重がいる。彼は，卒業前に留学したため，この学校を卒業したわけではない。この学校の卒業生は明治11年より出るが，その数は6名にすぎない。それ以降も，9名（明治12年），6名（明治13年），9名（明治14年），

8名（明治15年）と，10名にも満たない卒業生しか輩出できていない。

　明治16年からは，3年コースの別課ができ，31名が入学する。しかし，このコースは明治18年には廃止され，在学生は司法省速成科に編入させられることになる。

　ここまで述べたことから，当時，政府は，社会が必要とするに足る法律家を養成できていなことがわかる。この間，陸軍や海軍の学校などは急速な充実を見せていることからすると，政府が今一つ本腰を入れていないと言ってよいであろう。しかし，それも当然かもしれない。急いで国を豊かにし，国を強くするという観点からしてみると，法律家の養成に多額の費用をかける気にならないのも理解できるところである。

　ともかく，社会が必要とする人材を官立の学校が養成できない中で，政府とは別のところで，このニーズにこたえようという動きが始まる。すなわち，私立の法学校がつくられ始めるのである。

　明治13年，専修学校（専修大学の前身）が創立された。創立者は，相馬永胤ら4名である。ここでは，主にアメリカ法を日本語で講義することが目指された。官立の法学校の学生数が需要に比して極めて少数にとどまっていることの背景には，教育が英語やフランス語によって行われていたことがある。そこで，欧米の法を日本語に翻訳し，日本語で学ぶことができるよう，この学校は試みたのである。しかし，専修学校は，経済学と法学の二本立てとなっており，法学の教育体制を十分に整えることができたわけではない。

　この翌年，明治法律学校が発足する。これは明治大学の前身で

ある。この学校は，岸本辰雄他2名の，司法省法学校の出身者によってつくられた。そのため，教育内容もフランス法が中心である。

さらに，明治14年には，政変により政界から一旦身を引いた大隈重信が学校を創設する。これが早稲田大学の前身，東京専門学校である。この学校は政治経済学を中心とし，政治家の養成に主眼を置く学校であったが，法律家を養成する法学科もあわせて設置された。ここには，東京大学出身者が参画している。

また，明治義塾という学校も明治14年10月につくられた。ここでは，帰国後の増島六一郎も教鞭をとっている。この学校も邦語で法律を教えることを主眼とするものであったが，学校の雰囲気は，法律家になるべく実直に法律を学ぶというものではなかった。当時の政治情勢の中，政治への関心を強く抱くものもおり，法律家養成に徹することができたわけではない。

7　英吉利法律学校の誕生

こうした情勢の中，明治18年（1885）がやってくる。

英吉利法律学校の創立に至る経緯は，いまだ判然としないことが多い。18人の中の誰が創設を言い出し，どういうステップを踏んで開校にこぎつけたのか，詳しいことはわからない。明治17年になって，いきなり話がもちあがり，半年余りの間に話がまとまったようである。

創立者となる18人は，等しく開成学校や東京大学で英米法を学んだ者であるが，その後は様々な仕事に従事していた。その彼らが一つの目的の下，結集してくる。

穂積陳重は、当時、東京大学法学部の中心にいる。この学校で教鞭をとっていたのは、菊池武夫、土方寧、渡辺安積らである。東京大学に短期間で法律家を養成するためのコース（別課）を設けたが、この試みはうまくいかず、別の方策を模索しているところであった。

増島六一郎は、弁護士（代言人）をするかたわら、明治義塾で教えていた。イギリス流の弁護士の養成を目指す彼にとり、明治義塾は不満があったことであろう。また、この学校の経営自体、当時、行き詰まっていた。

東京専門学校の法学科で学生を指導していた者たち（岡山兼吉、山田喜之助、磯部醇）もいる。早稲田の地は、官庁のある大手町からは遠く、本務のかたわらで教える教員たちには不便な場所であった。そこで、より組織的に法律家を養成するため、教育の場所を中心部に移す必要性を主張していた。専門的な法学教育を受けた者が僅少な当時、実務にあたっている法律家の仕事の合間に教育に従事してもらう必要があった。そのためには、彼らが勤務する場所の近くに学校がなければならなかった。しかし、こうした主張は、東京専門学校の中では受け入れられなかった。

このような様々な事情があったが、すべての人に共通することは、社会が必要とする法律家を養成するということであった。

Column 2.　お雇い外国人の光と影——ボアソナード

　フランスからお雇い外国人ボアソナード（Gustave Emile Boissonade de Fontarabie, 1825-1910）が来日したのは明治6年（1873）のことである。その時，彼はすでに40代の後半にさしかかっていた。当初の契約期間は3年であったが，彼の日本滞在は，実に22年もの長きにわたった。

　来日後すぐに，彼は活躍を始める。司法省法学校でのフランス語での法学教育，国際問題に関わる諮問への解答，そして刑法や治罪法（刑事訴訟法）の起草など，様々な仕事を彼は精力的にこなしていく。また，自発的に，拷問廃止の建白を行っている。この時期は，彼の得意満面の時代であった。明治初期には数多くのお雇い外国人を日本政府は雇用したが，ボアソナードほど多方面にわたる活躍をした人物は数少ない。

　来日後6年ほど経った明治12年，ボアソナードに民法典の起草が依頼された。この仕事に彼は精魂込めて取り組み，実に10年近い歳月をかけ，彼は，民法典を完成させた。しかし，彼のつくった民法典に対し，激しい批判の声があがり，この法典の施行を延期すべきとの強い主張がなされた。これに対し，ボアソナードの弟子たちを中心に，断固，施行すべきとの反論がなされた。数年にわたる論戦の結果，民法典の施行は延期され，これに大幅な修正を加えることになり，ボアソナードの民法典は，事実上葬り去られることになった。

　ボアソナードの民法典は，19世紀初頭にナポレンオンが編纂を命じたフランス民法典をベースにしたものである。フランスと日本では，法制度は無論のこと，人々の法意識，慣習，道徳も，著しく異なっている。それなのに，なぜ外国の法典を日本にもってくることができるのか。今日であれば誰しもがそのような疑問をもつであろう。この点に関するボアソナードの考えは，およそ人間であれば，どこでも普遍的に通用し得る法が存在しており，フランス民法は，まさしくこの法を具体化したものであるというものであった。このような考え方に対しては，ドイツでも批判が加えられており，19世紀半ばの時点では，いささか時代遅れであったとも言える。また，このような

態度に対しては,ほんの一世代前までは「攘夷,攘夷」と叫んでいた国でなくとも心理的反発を感じるのも当然といえよう。

　精魂込めてつくった民法典を廃案にされたボアソナードは,明治28年フランスに戻る。そして,郊外の町で余生を送り,明治43年,85歳の生涯を終えた。

第 2 章

開校式（明治18年9月19日）

1　両国中村楼

「この日，天気晴朗にして，秋暑なお消えざるも，微風，墨江の浪を揺らし，すこぶる清涼なりき。」──英吉利法律学校の開校式が行われた，明治18年（1885）9月19日は，このような日であった。

開校式は，両国の料亭，中村楼で開催された。浅草から隅田川の向う岸にかかる，木造の連続アーチ式の両国橋を渡り少し右に行ったところに中村楼はあった。中村楼は，当時，東京有数の料亭である。明治初年，京都より江戸へと下ってきた若き西園寺公望が，この料亭に長逗留し，対岸の柳橋に船で行き来していたという話も伝わっている。

創立当初，英吉利法律学校は，神田錦町の，旧旗本屋敷をそのまま利用していた。これは，陋屋とも言うべき建物で，ここでは，到底，華やかな式典を催すことができなかった。とはいえ，洋風の本格的なホテルは，この時期の東京には存在しない。帝国ホテルの開業は，この5年後を待たねばならない。鹿鳴館は，すでに人々の利用に供されており，英吉利法律学校でも，この数カ月後に新年会で利用しているが，ダンスパーティーに供されるこの施設は，開校式に相応しいものではない。そうなると，多数の参加者を収容でき，かつそこそこの格好がつく場所となると，老舗の料亭を用いるほかなかったのだろう。

2　来賓たちの顔ぶれ

この開校式には，創立者や明治18年（1885）の入学生たちはも

ちろんのこと，その他にも，内外の錚々(そうそう)たる人々が招待された。出席者の顔ぶれを見てみよう。

法曹界からは，玉乃世履大審院長，鶴田晧参事院司法部長，渡辺驥大審院検事長が出席した。大審院長とは，今で言う最高裁判所長官にあたる。検事長とは，今で言う検事総長にあたる。渡辺の前任者が鶴田である。また，イギリス人弁護士ラウダーも参加している。

学校関係者としては，慶應義塾の福沢諭吉，専修学校の相馬永胤の名が見える。福沢については，ここで解説する必要はないであろう。相馬は，専修学校の創立者である。専修学校は，明治13年に創立された私学であり，今の専修大学の前身である。創立当初は，法律科と経済科があった。相馬は，増島と同じ彦根藩の出身で，明治4年にアメリカに留学して法学を学んだ。

この他，東京府知事渡辺洪基，アメリカ全権公使カークウッド，イギリス領事ロバートソン，ヘラルド紙新聞記者プルーク，メール紙新聞記者プリングリーの名が見える。また，当時，民法典の草案をまさしく起草中であった，フランス人法律家ボアソナードの姿も見える。異色なところでは，後に内閣総理大臣となり5・15事件で暗殺されることになる若き自由民権運動家，犬養毅も参列していた。

3 校員の挨拶

式典は，3時30分に始まった。まずは海軍軍楽隊の奏楽が行われ，それに続き，創立者を代表して高橋一勝が演壇に立った（以下，高橋の演説を掲載する。高橋の演説は速記により記録され，『明法志

林』の中に掲載された。以下は、それを現代語化したものである。なお、この記録は速記録であるためか、ところどころ文意が通らない箇所がある。ここに掲載するにあたっては、できる限り原文を損わないように心がけながらも、筆者の解釈により、適宜修正を行っている。原文を見たい方は、『中央大学百年史資料編』に正確な翻刻がなされているので、そちらを参照していただきたい)。

高橋一勝の挨拶

　英吉利法律学校校員、高橋一勝、本校の諸員を代表し、謹んで内外の紳士諸君および、本校の生徒諸氏に申し上げます。

　本日は、本校の開業式を行うにあたり、内外の紳士諸君を招待しましたところ、諸君にお越しいただき、本校第一の栄誉にして、深く感謝するところです。また、本校諸員の最も喜悦するところです。したがいまして、校員等、志を同じくする者がここに本校を設立した次第と、その主意と目的とを略述して、諸君に告げ、それをもって大いに諸君の賛成を仰ぎ、本校の目的を達するもとを開こうと思います。

　私たち同志の者は、先に文部省所管の東京大学法学部にあって法学を修め、または引き続きイギリスまたはアメリカに渡って大学に入って法学を修め、法学士やバリストル等、内外の学位をいただいた者です。英米に渡った者はもちろんのこと、日本の大学にのみ在学した者といえども、諸君のご存じの通り、大学の教科は、イギリスの法律が（日本の法律はもちろん、フランスの法律も課程中にあるけれども）その大部分を占めていましたので、全員が主にイギリスの法律を学んだ者です。私ども、相互に学び得た学術をもって、世間の役に立つことがないかと思い月日が経って

おりました。というのも、このことこそ、私どものように、大学に養われ、または英米に渡った同窓の学士の責任と信じていたからです。

顧みて世間を察するに、世間の志ある生徒の中で、法律に志のあるもの最も多く、世間の学士諸君、前々より法律学校を設け、有志の生徒を教育しているところは少なくはありません。それゆえ、最近の代言試験に、判事試験に進んで及第する者はみな、この学生でないものはいません。しかし、本校の校員等からこれを観るに、世間の法律学校の教えるところは、あるいはイギリス、あるいはドイツ、あるいはフランスというように、純粋な一国の法律を区別して講授することはなく、すべてを折衷して、その良いところを採って、それで業を授けたと言っているもののようです。

そのため、学生中の多くは、どこの国で行われている法律であるかを分けることなく、これを混交し、半分はイギリスにより、また半分はドイツやフランスから採り、そして法理を喋々するに至る弊害があるように思えます。

諸国の法律をよく理解し、その中の最も良いものを選んで法理を論ずることはとても良いことであります。しかし、どの国の法律はこのようで、どの国の法律はあのようであるとこれを分けることなく、かろうじて各国の法律の一つ二つ理解できたにすぎないのに、あたかも大成したもののように、揚然として世間に説くようなことは、けっして誉められたものではありません。否、学問上、大いにその進歩を妨げるものといっても過言ではありません。なぜなら、法理というものは、大体において一般同様なるものとするも、これを一国に適用してその法律とし、これを施行

するにあたっては、ずいぶんと趣を異にするものですので、最後には、どこの国の法理、どこの国の原則と区別しないわけにはいかなくなってしまいます。これに加え、ある国に全く固有の法理もあるのですから、到底、万国で一致するものではないことは、諸君もよく知っているところでしょう。そうであるのに、各国の法理や原則を混乱する時は、首尾相応せず、常に惑い惑って、理解することができなくなってしまいます。そのため、学問上、進歩を妨げる恐れを免れることはできません。

　私ども、同志の者は、ここに思うところがあって、本校を設立し、これを英吉利法律学校と名付けました。そして、専らイギリス（アメリカの法律も大体のところ同じようなものです）の法律を説き、諸国で通用している法理を講じ、勉めて世間に有益なことをして、大いに学問上の進歩を助けようとしております。できれば、フランスの法律を学ぶことができた学士諸君にも、純粋にフランス法を講授する学校を設けていただければ、実に少なからず公益に資するところでしょう。

　話を戻しましょう。イギリスの法律を子細に講説することは、とても難しいことです。諸君、ご存じの通り、イギリスの不動産法は、最も緻密で、最も微妙な美法であり、イギリスの大学士といえども、これを詳しく解説できる者は、何人といるわけではありません。ですから、たとえこれを子細に講授することに努めたとしても、われわれ日本人のために有益であるところは、とても少ないことでしょう。また、治罪法・訴訟法も、いろいろと面倒な手続が多く、しかもイギリスだけで行われている手続ですので、到底、これが日本で実行できるというものとも思えません。さらに、法理のいかにも関係のないようなその他の各分科につい

ても、単にその国においてだけ施行されており、あえて法学上、講義する必要もなく、いつの日か日本に適用が試みられることもないことなどは、これを省略し、講義の対象とはしないことにします。しかし、不動産法や治罪法・訴訟法のわずらわしい規則の中にも、自ら一定の原則があり、大変、賞美すべきものもあり、これについては、できる限り漏らさず講授することにします。

　刑法・治罪法についてのイギリス法は、もちろんその概略を講義すべきものではありますが、我が国において、すでに前に制定されたものがありますので、この新法についても、講義の対象にすることにします。我が国現行の民法規則または裁判上の習慣などを講じるのは、本校本来の目的ではありませんが、目下、世間有志の生徒の中には、判事または代言試験を受けることを、当面、第一の目的としている者も少なくありません。そこで、本校は、イギリス法の講義のかたわら、別に便宜の方法を設け、その大要を学ぶ仕組みを設けます。また、フランス民法も、本校本来の目的からすると、講義すべきものでありませんが、イギリス法の講義に際し、説明のためフランス民法を引き合いに出し、両者を比較することにし、生徒諸君の望みにできる限り応じるつもりであります。

　本校ではまた、教室で毎日講義をする他、1年生から3年生までの講義を少しずつ収録し、これを印刷して校外生に配布し、校外の生徒に順次に法律を研究する道を与え、3年の終わりに至れば、その望みにより、本校で相当の試験を行い、及第した者には卒業証書を交付することにします。

　これは、直接、教室に臨むことのできない遠国にて志をもつ者、また在京の人であっても、官職にあったり、その他の支障の

ため，学校に来ることができない人のために設けたものです。このような制度は，大変，必要とされていると信じております。

校員同志が本校を設立した主たる目的は，大体のところ，以上のようなものです。

内外の紳士諸君に申し上げます。諸君の賛成を得て，本校の目的に到達することができれば，単に，校員同志にとっての幸いであるのみならず，世間に裨益するところもけっして少なくないと信じております。私ども，同志の者は，これに励むつもりでおります。また，本校にて学ぶ生徒諸氏も，よくこの意を理解し，勉学されることを望んでおります。

高橋のスピーチの後，軍楽隊による奏楽が行われ，それに続いて増島が演壇に立った。増島は，英語でスピーチを始めた。その翻訳が前記の『明法志林』の中にあり，以下は，それを現代語訳したものである。残念ながら，増島の英語のスピーチそのものの記録はない。

―― **校長，増島六一郎のスピーチ** ――

合衆国公使閣下，ロバートソン君，ボアソナード君，およびイギリスの代言人，新聞記者などの諸君，私は，ここで英語で本校設立の目的，およびその授業について，少し述べさせていただきます。

その前に，本校創立者を代表しまして，諸君の光臨を賜わりましたことに，謹んで御礼を述べさせていただきます。加藤弘之東京大学総理，三好退蔵司法少輔の他，数名の方は，所用のため，お越しいただくことができませんでした。また，イギリス公使，

同ハンネン判事も本日の式典に臨むことはできませんでした。このことは，私どもの特に残念に思うところです。しかし，このお二人は，私どもの企画に賛成し，称賛の言葉を下さいました。これは，私ども，大変に感謝しているところです。

　本校の来歴については，日なお浅く，述べるところは，極めてわずかしかありません。その設立の計画が起こってから，まだ1周年も迎えてはいません。実際に設立に着手してからは，わずか6カ月が経過したにすぎません。そして，授業の回数も，まだ7・8日にすぎないのですが，学生の数はすでに150人にも及び，来月から出版する講義筆記録を求める者も，500人という多数に上っています。

　そもそも，私どもが目的とするところは，次の三つであります。第一に，英吉利法律学校を設けること，第二に，イギリス法と，その法理を研究する補助となるべき書籍館を設けること，第三に，和文のイギリス法の法律書を増やすこと，以上の三つです。

　思いますに，我が国において，法律学校の設置は少なくはありませんが，完全に学術的教育を授けるイギリス法律の学校は一つも存在せず，また真に法律書籍館と称することができるものは，全くどこにも存在しておりません。イギリスの法律書についても，他の法律書に比べれば，その数は極めて微々たるものです。私ども，東京大学同窓の徒が協議して本校を設立しましたのも，実にこの三つの欠点を補おうとしたからにほかなりません。諸君もご存じの通り，我が国の私立の事業で，こうしたことをしようとするものも，ないわけではありません。しかし，おおむね，そのすべては，しばらくすると衰運に属し，常に盛んであり続けることができているものは，ほとんどないと言ってよいでしょう。

そして、本校もまた、実に、一つの私立学校にすぎないものです。しかし、私どもは、前述の目的を堅持する決意です。この目的をもってことにあたり、終始、この目的を見失わずにいるならば、学校が隆盛に至ることもけっして難しいことではないはずです。ましてや、私どもは、自らの利益を得るつもりは、全くもって目的とするところではありません。かつて我が国で経験されたことのない結果のあがる日のくることを、私どもは願っております。

　本校は、大学法学士などの20名ばかりが相談の上で発起しました。各人は、無報酬で教授の仕事にあたろうと望むものであり、これらの法学士は、いずれも外国または国内でイギリス法律学の教育を受けた人ですので、この仕事に適していることは、もとより言うまでもないことです。教授の方法は、学校での講義のみならず、毎週講義を筆記して出版し、これをもって、遠路または繁忙のため毎日登校することができない有志の者の便に供します。そして、この有志の者は、本校学生とともに、正規の試験に及第するならば、卒業証書を受けることもできることにします。また、毎週、二晩、契約書類立案および訴訟書類の書き方などに関する実地演習を行い、これにより売買、貸借、譲渡など、イギリス法の中で、われらの法律家に有益なものを会得できるようにします。さらに、毎月、討論会を開き、教員1名を輪番でもってこの議長とし、様々なことについて、学生が理論を実際に応用する道を学べるようにします。こうした方法は、他の学校には、全く見受けられない教授方法です。私ども、官や府の法律規則等の規制を全く受けない、一種特別の法律学校をつくり、超然として独歩し、われらの目的を実現しようと思っております。このよう

な試みは，他には見られないところです。私どもは，このような方法で，私どもがかつて東京大学にて受けた学問を実際に用い，それを通じてわれらの法律に従事する社会の弊風を洗い流し，これを改良しようと望んでおります。

　イギリスの法律が善良であり，またあらゆる点で完備されていることは，広く世の人々が知っているところですが，我が国は，まだこれを利用できてはいないようです。イギリス法をよく学んでみますと，その実地の法や原則を取り出して実施するには，我が国に計り知れない改良を加えることが必要になることも疑いを容れないところです。例えば，財産監護委任法や訴答規則など，イギリス法では重要なものですが，我が国では，これらの法律は，単に純然な一派・片頗なものと理解され，その理，その法を講ずる者は，ほとんどいません。我が国の人々の中で，果たしてその法理の道を知るものが多くいるのでしょうか。しかし，およそイギリス法を修めようとするものは，これらの法も熟知し，その美なるところを学ばねばなりません。そして，これらの学科は，真正な学則に基づいて定められた教科の中に列挙すべきものなのです。私どもは，自分たちが相応しいかはわかりませんが，あえてこの教科を本校の教科に加えようと思っております。

　私どもは，もとより，単に法律規則等のみを教えようとしているわけではありません。私どもは，これら法律規則の根本をなす原則を教え，それが効を奏することを目的としています。私どもはまた，イギリス法に限定して，書類の書き方や，今日すでに廃れてしまった訴答方式等を教えようとするものではありません。そうではなく，学生や実務家に，有益な補助を与える一般の法理を取捨選択し，また折衷して，これを講義し，社会の役に立つこ

とを願っているのです。

　講義に際しては、学術的順序にしたがって進めることにし、無理に、イギリスのインズ・オブ・コートまたはその他の海外の法学校で行われている科目に依拠することはないようにします。例えば、単に沿革上の理由に関わる衡平法（エクイティ）は、これを独立した一科目とはせず、契約法、財産法、訴訟法、および沿革法理等の科目の中に分けて教えることにします。講義の順序をこのようにすることにより、授業を受ける学生も、微細で特異な分科にわずらわされることなく、法学の蘊奥をたたくことができるはずです。これは、イギリスの法学者も享有できなかった利益です。

　そもそも法律学は、人々の気品や風雅の趣を増やし、意志を高尚にし、心を自ら内に頼むところのあるようにするための学問です。これを学ぶ者は、自ら爽快・有意・活発の精神を喚起することができます。私は、自分の経験より、このことを知り得ております。しかし、ここで学生の皆さんに、一言、言っておきたいことがあります。それは、法律の知識は、正当優美に用いるべきということです。法律は、防御の手段として用いるべきでありまして、これを攻撃のために用いてはなりません。皆さんがこれを心に止めておくことができれば、本校の役割もまた、単に法学を教授するにとどまるものではなくなります。私どもは、皆さんが、真の男子であることを願い、皆さんがいつの日か負担すべき責任を果たすにあたり、皆さんの栄誉や徳行が汚されることがないよう、切に願っております。私の希望は、ここまで述べてきた通りです。諸君、われわれの意をくみ、この仕事に賛助してただけないでしょうか。また、私ども創立者もまた、試みが成功し、無駄

に終わることがないよう，願っております。

　最後に，ここで一言述べておきたいことがあります。それは，東京英語学校のことです。この学校は，本校とほぼ同時に創立されました。大学に関係する紳士諸君，もし皆様の子弟に英語学を学ばせたり，官立学校に入れようとしているのであれば，まずは，この学校に入学させ，そのための予備教育を受けさせてください。東京英語学校と，英吉利法律学校は，実に，唇と歯のように，相互に助け合うものです。同校では，英吉利法律学校の学生に限り，授業料を減らし，講義を受けることのできる制度があります。思うに，どの国，どの民の事情を探るのであれ，まずは，その国，その民の言葉を理解するのでなければ，けっして探究は密なものにはなりません。法律を学ぶことは，その最たるものです。そこで，いつか東京英語学校の助けを借り，英語でイギリス法を教授する日がくることを私は渇望しております。

　本校の土地・家屋は，すべて，本校が所有するものですが，建物の現状では，まだ皆様を本校に招待し，式典を執り行うことができません。もし私どもの希望が空しく終わることがなければ，来年，皆様を本校に招待させていただく機会を設けようと思っております。お時間のあります時に，本校を是非，ご参観いただければ，私どもの喜びにたえないところです。皆様が私どものことを気にかけていただければ，私ども，なお一層努力することができると思っております。

4　来賓の挨拶

　この後，渡辺東京府知事の祝辞が述べられ，それに続いて，福

沢諭吉が演壇に立った。当時，福沢は50歳。英学塾の慶應義塾を運営するかたわら，文筆活動にも勤しんでいた。この時点では，慶應義塾に法学部はない。経済学と法学とを教える大学部が慶應義塾内に設置されるのは5年後のことである。ともあれ，単に式典に招待されたのみならず，祝辞も述べる機会を与えられているところからすると，英吉利法律学校の創立者たちが，当時，教育・言論界の第一人者とも言うべき福沢に相当な敬意を払っていたことの表れであろう。

福沢の祝辞については，2系統の史料が残っている。一つは，高橋，増島の演説を記録する『明法史林』の記事である。他の一つは，『時事新報』の記事である。後者は，福沢自身が主宰する新聞である。前者の記事は当日，福沢が語ったことの速記を起こしたものであり，後者は，福沢のスピーチ原稿そのものを掲載したものである（この点については，松崎欣一「福沢諭吉の演説」近代日本研究20巻2003年による）。

『時事新報』掲載の文章は，理路整然とした名文である。福沢の思想がよく伝わってくるものである。これに対して，明法史林の記事は，文意がとりづらく，福沢の真意が今一つ伝わってこない。福沢は，予めスピーチ原稿を書いており，演説では，それをただ読むのではなく，聴衆にわかりやすく言い換えながら話をしている。英吉利法律学校開校式での福沢の演説は，彼の高等教育観を示すものとして，しばしば引用されているものである。福沢の思想を探究するのであれば，無論，『時事新報』の記事の方が史料的価値は高い。しかし，ここは，開校式の模様を伝える場であるので，『明法史林』をベースに，適宜『時事新報』記事に即した形での修正を施しつつ，福沢のスピーチを現代語化する。

福沢諭吉のスピーチ

　今日，英吉利法律学校の開校式があると，2・3日前，増島君から案内をいただきました。この開校式が開かれましたことに，まずは，おめでとうと述べさせていただきます。日本に法律学が始まりましたのは，今を去ること18年前でありまして，それ以前には，法律なるものは存在しませんでした。18年の間に，少しずつヨーロッパの法律が入ってきまして，今日は政府においても，文部の大学校や司法省の法学校にて法律が教えられており，これ以外にも私立法学校の設置は一つや二つにとどまるものではありません。また，高尚な学校では必ずと言ってよいほど法律の学科を設けています。そこで，全国いたるところ，すみからすみまで，法律学校ができたと思えるくらいになっています。このたび英吉利法律学校ができました。法律を教えるところは，多ければ多いほどめでたいことです。ですから，今日は，これを祝さないではいられません。

　法律は，イギリスであろうが，それともフランスであろうが，いずれが良いのか私は存じておりません。私は，法律の専門家ではなく，法律には不案内でして，フランスの法律よりイギリスの法律の方が便利なのかは知りません。イギリスの法律も，アメリカの法律も，フランスの法律も，ドイツの法律も，つまるところ同じようなものであるとしたら，私は，イギリスの法律を推奨しなければなりません。なぜなら，日本は，皆様もご承知の通り，英語がよく学ばれている国だからです。法律と語学は一致しなければなりませんので，我が国には，イギリスの法律が確かに施行されるべきなのです。これとは別に，フランスの法律とか，ドイツの法律とか，こちらの方が特に便利が良いということであれば

いざ知らず，同じようなものであるなら，私は，口を放って，イギリスの法律に賛成します。

さて，それはおめでたいということでよいとしまして，ここにお出でなさる方々は，イギリスの法律を学ぼうとの存念のことでしょうが，これを学んでこれからどうしようというのでしょうか。今日は祝辞を述べるところではありますが，大層，法律の学者が現れて，さらにその数が増えるとすると，その人々は，これからどうしていけばよいのか，一つ疑問がわくところです。法律を学び，将来行く先は，判事になるのが一番先でありましょう。役人になることは難しいわけでありませんが，そんなに多くの人に役人になられても困ります。日本の役人は，今日でさえ7万5千人余りいますから，またその上に飛びこんでも，仕方がないでしょう。これまで，自分は隠君子でやっていくと言っていても，結局はどうにかこうにか政府に潜り込んで役人になり，国民の税金を食む者もいましたが，そうたくさんの人が政府に入ることができないと思います。

そうすると，自分の糊口をしのぐことができませんから，その次は代言人になるでありましょう。それが順当な道であります。ところが，代言人と人民の間は，ちょうど医者と病人の関係でして，医者の数に合うほど病人の数がないにもかかわらず，医者ばかり増えるのも困りましょう。日本は医者が少ないからよろしいかと思いますが，ここにいる諸君の学問が進むのは存外早いもので，いずれ病人がいないにもかかわらず，医者が増えて困るということになりかねません。しかし，私は少しも恐れてはいません。私がここで，政府に入らなくともよい，代言人にならなくともよいと言っているのは，法律学校を卒業し，初志を貫いて役人

か代言人になって生涯生活を送るものは至って少ないからです。今日，開校式でこういうことを申し上げるのはめでたいことではありませんが，初志を貫く者は，至って少ないのです。医者になろうとする者が医学校に入り，はじめは何が何でも開業医になろうとするが，数年修行して卒業したところで，開業までにいろいろあって，開業できず，ようやく開業医になってみても，流行る流行らないという差異がある。結局のところ，医者を開業する人の数は，最初学校に入った時の数の100分の1もなく，200分の1くらいのものである。

　そうであるとすると，医学を学んでも無駄になることが多いから，法律も同じく無駄であるかというと，けっしてそういうことはありません。法律はこれでよろしいのです。人々を見てみると，法律を学んで，これで身を起こそうという人，法律を学んで何か身を立てる種にしようという人もいます。しかし，なかには，法律を学んでそれを売って食べていかなくともよろしい人もいます。そういう人であれば，法律は何になるのでしょう。そもそも法律学とは何なのでしょうか。私は，これは，人間生々必須の学であると，すなわち，これは世渡り，処世に必要な人間の学であると考えます。例えば，家を一つ買うにしても，法律がいりますし，地面一つ売るにしても法律がいります。ペン一本買うにしても法律がいります。こうしてみると，人間世界にいると，法律がなくてよろしいという場所はありません。法律のいらないところの世界がないとすると，法律を知らなければなりません。

　医学で言うと，医者はできなくとも，人間は医者の心得がなくてはならない。仮にも自分の身体をもっているからには，ただ医者にのみ任せておくだけでは不安です。医者の道を知らなけれ

ば、ただ医者が飲ませる薬を飲み、医者の言うことのみにしたがっていれば、もし狂っている医者に会おうものなら、いったいどうすればよいのでしょうか。医者にいちいち聞かなくても、医者の心得が多少あれば、今日のようにコレラ病の流行る時分でも、養生ぐらいすることができましょう。

　これと同じでして、法律を学んで代言人にならないでも、判事にならないでも、法律を知っていなければなりません。それは、医者で言えば、病人が自分の容態を述べることができなければ医者が困り、また代言人でも、依頼者が真に粗末な奴で、何を言っているか訳がわからないでは、代言人も困ります。訴えられた判事に、「何を言っているのだ」と言われても、一向にわからないでは困るのです。一人ひとりが自分で法律を心得ていなければいけないのです。ですから、法律でもって身を興し、家を興すと思ったり、政府の役人が多いから法律を学ぶことはやめよう、代言人が多くなるから法律はよそうなどと思う必要はないのです。病人がいないのに医者ばかり多くても仕方ないから医者になるのはよそうといった考えを心に抱く必要はないのです。実に、法律は人間必須の学問であるのです。法律の勉学には、もう一つ便利なことがあります。法律というものは、半分学べばそれだけ役に立ちますし、ちょっと学べばちょっとだけ役に立つものであります。学問によっては、半分では役に立たないものもあります。例えば、天文学のごときものは、半分学んだだけでは何にもなりません。しかし、法律は、半分学べば半分だけ役に立ち、一日学べば一日分だけ役に立つものです。ですから、どうぞ皆さんは、一生懸命勉強なさってください。少しも仕事のないことを憂える必要はありません。人間の身体のある以上は法律が必要ですから、

是非，これを学ばねばなりません。

　これで祝辞を終わりにしますが，最後に一言だけ述べさせてください。諸君はいずれも勉強をなさることでしょう。また，教える人も親切に教えることでしょう。法律を学ぶにあたっては，深く学ぶのがよろしい。そして，これを学んでも，安易に振り回すべきではありません。その昔，封建時代には，刀剣を抜いて人を切る稽古をしたものです。その撃剣家の様子を見てみると，少しばかり学んだ者はいつでも刀を抜きたがったものです。いわゆる生兵法というもので，むやみに市中に出て，犬を切ったり，あるいは四辻へ出て人を殺めたりする者がいました。よくよく探してみると，こういうのはごく下手な奴でした。ついこの間に剣術を始めた者，また昔は士農工商と別れており，農・工・商の身分であったために刀をさすことができなかったが，先生のおかげで刀をさせるようになった者が，珍しがってむやみに刀を抜いて始末に負えませんでした。本当の撃剣家は，けっして刀を抜きません。生涯，刀を抜かない人が多い。そういう人は，抜けばけっして切り損ないません。一体全体，法律の切れ味は，昔の武断政治の刀より良いものです。今の社会では，法律で何でも殺せます。法律で金持ちを辻切りするのは容易でありますが，よく切れるこの刀を使うためには，深く学び込まねばなりません。やたらにスッパ抜きをしては困ります。スッパ抜きをするのを止めようにも止められないというのは，まだ学び方が足りないのです。法律を学ぶ者も，これを深く学べば学ぶほど，法律という刀を抜けなくなります。諸君が法律を学ぶなら，深く学んでスッパ抜きをしないようにしませんと，代言人になっても名前が悪くなります。生兵法は，大傷のもとなのです。私が言うまでもなく，皆さんは勉

強されることと思いますが、深く勉強し、そして目指すところはただ人間でありさえすれば、それで法律は役に立つものです。何であれ、諸君が深く学ばれますことを望んでおります。

5　謝辞

この後、ラウダー氏、穂積陳重の簡単なスピーチが行われ、最後の締め括りに、創立者であり、かつ幹事の職にある渋谷慥爾より謝辞が述べられる。

---- **渋谷慥爾より謝辞** ----

私どもは、東京大学法学部で教育を受け、蛍雪をともにした同窓の仲間と力をあわせ、一つの法学校を設立しました。この学校は、専ら、イギリスの法律を教授することを目的とするものであり、その名を英吉利法律学校と称します。

今日、明治18年9月19日、江東中村楼で開校式を挙行するにあたり、諸子の光臨をお願いしたところ、幸いにも私どもの微意を受け入れ、貴重なお時間を割いて、お忙しい中、遠路よりご参集くださいました。私ども同窓の徒にとりまして、深く感謝するところです。

法律の勉学というものは、深遠にして高尚な教育であり、その任の大きさ、重大さは大変なものです。ですから、これは、容易になし得ることではありません。しかし、私ども、自らの力不足も省みず、あえてこの任にあたろうとするには、やむを得ない理由があるのです。皆様には、これをご了解いただければ幸いです。私ども、今日、皆様に対し、厚く感謝しておりますが、到底

> 皆様の厚意に感謝しつくすことができているわけではありません。そこで，将来，本校の教育に努め，懈怠することなく，設立の目的に背くことなく，有為の士を薫陶できる時を期して，皆様の厚意に報いることにしたいと思っております。蕪辞ではございますが，これで謝辞とさせていただきます。

渋谷の謝辞をもってスピーチは終了し，この後，来賓一同は別室にて開かれた立食形式でのパーティーに参加した。また，学生たちには，折り詰めが配られた。

Column 3. ノルマントン号事件

　開校式の顔ぶれを見て,不思議に思う人もいるかもしれない。アメリカ公使やイギリス領事館や外国人新聞記者が招かれるのも当然であるが,どうしてイギリスのバリストル,ラウダー氏が招待され,さらにスピーチまでしているかと。この人物は,後で見る卒業式にも参列している。

　その答えは,当時,領事裁判権を諸外国に握られていたことにある。幕末,徳川幕府が締結した不平等条約により,アメリカ,イギリスなどの欧米諸国は,日本に対し,自国の領事裁判権を認めさせ,これにより自国民が犯罪を犯した場合,日本の裁判所ではなく,各国が領事館内に設置する裁判所で,それぞれの国内法により裁かれることになった。

　領事裁判制度は各国様々であるが,ここではごく簡単に,イギリスの制度を見てみることにしよう。まず日本国内の第一審にあたる裁判所は,横浜,函館,長崎などの各港領事館内に置かれた。この段階では,各領事館の領事が裁判を行う。この上級審,あるいは重大事件については,神奈川日本法院(Her Britannic Majesty's Court for Japan at Kanagawa)が管轄する。この裁判所の判事は,イギリス本国より派遣されるバリストルであった。なお,開校式時点では,ハンネン(Nicolas J. Hannen。この人物も開校式に招かれたが,残念ながら出席できなかった)氏がその職にある。日本法院の判決に不服がある場合には,上海の領事裁判所に上訴することができた。

　開校式から1年余りが経過した明治19年(1886)10月24日,日本人乗客25名,乗員30名を乗せたイギリス船籍の貨物船ノルマントン号(船長 J. W. Drake)が,紀州沖熊野灘を通過中,台風に遭遇して沈没した。日本人乗客25名は全員が死亡,乗員中数名の清国人とインド人は死亡したが,乗員の西洋人は全員が救命ボートで難を逃れた。

　11月1日,神戸のイギリス領事館で,領事トゥループを裁判長とする海事審判が行われた。この中で,船長ドレイクには,航海上の措置,日本人乗客の救助に関し,何ら落ち度がなかったことが確認された。ドレイクは,法廷で,日本人船客に

救命ボートに乗ることを何度も勧めたが、日本人がこれにしたがわなかったと主張し、この主張が全面的に認められたのである。

この判決に納得できない日本政府は、「女王陛下の治安をみだした」として、神戸イギリス領事館に、船長ドレイクを謀殺罪（現在の日本の刑法で言えば業務上過失致死罪に相当する）で告発した。この時、日本政府の代理人を受任したのがバリストル増島六一郎と、ラウダーである。数日の審理の後、神戸領事裁判所は告発を受理し、神奈川日本法院で裁判を行うことを決定した。

神奈川日本法院での公判は、12月7日と8日に開始されることになった。裁判長は、前述のハンネン氏、検察官はバリストルのリッチフィールド氏（彼は英吉利法律学校の講師でもある）、検察官補助員にラウダー氏が就いている。被告人の弁護人は、ソリシターのロビンソン氏である。当初、船長ドレイクは上海から弁護人を呼ぶことを求めたが、裁判所はこれを認めなかった。

100人を超す傍聴人が見守る中、公判が始まった。まず陪審員の選任から始まり、検察官の冒頭陳述、弁護人の意見陳述の後、証人尋問が行われた。証言を行ったのは、全員がノルマントン号の乗組員である。そして、裁判長の説示が行われ、陪審員は評議に入った。8日午後4時、陪審員の評決が出た。ノルマントン号船長ドレイクは有罪、ただし酌量軽減を望むというものであった。これを受け、裁判長ハンネンは、ドレイクを禁固3カ月に処した。

第3章
校長, バリストル増島六一郎

読者の中の何人が増島六一郎という名前を聞いたことがあるであろうか。高校生の使う歴史事典の中に、この人物の名前はあがってはこない。明治から昭和にかけての法律家の歴史を語るならば、この人物の名前は紙面に現れてくる。しかし、その中で最も傑出した人物として描かれているわけではない。その理由は、おそらく増島本人と中央大学（英吉利法律学校の後身）との関係にある。増島は英吉利法律学校の創立時からの校長であり、中央大学の歴史ではその創立者の一人であり、かつ初代学長と位置づけられる。しかし、彼はこの学校の中で影響力を保ち続けることはできなかったし、自分の意思を継いでくれる弟子筋を残すことができたわけでもない。増島が明治・大正の数多い偉人の一人として扱われていないことの原因は、もしかしたら英吉利法律学校とその後身の学校関係者の中に、その名を伝え続ける者を欠いていたがためであるかもしれない。

　本章では、一旦、明治18年（1885）という時間から離れ、増島六一郎という人物そのものを、彼のその後の人生も含めて見ていくことにしたい。

1　生い立ちと人生

　型通りの伝記的な事実の羅列から始めたい。いささかの退屈を覚悟していただくか、もしくはこの箇所を読み飛ばしていただいて構わない。それでもこう書き起こすのは、大規模の著述で著されたことのない増島の生涯は、弁護士として、学校創始者としてといった、どうしてもそれぞれの場合場合に注目される一側面でしか語られないからだ。

増島六一郎は，安政4年（1857）6月17日に，近江国彦根藩士増島團右衛門の子として生まれる。團右衛門は藩主井伊侯に仕えて，「高敬竹所」を構える弓術師範である。出生時に團右衛門が61歳だったために六一郎と命名したと言われる。六一郎は藩校の正徳館に学び，團右衛門は家財を学費に換えてその勉学を支えたという。井伊直弼大老の息子にして当時の藩主である井伊直安は藩民皆学をモットーに貧者や士族でない者の勉学を助けており，特に秀でた才覚を表し始めた増島六一郎を，財政的に支援して明治3年（1870）に東京に送り出す。

　東京では，同藩出身の田部苔園の援助も得て山東義塾にて英語を学ぶことから開始して，15歳になった明治5年には外務省直轄の外国語学校に入学している。この外国語学校と文部省に属する開成学校が翌年合併して法学を教授したことから増島は法学を学び始める。増島が在学している間に開成学校が東京開成学校への改称を経て，東京大学に移行する中，増島は法学を学び続ける。開成学校においては，まだこの段階では，フランス法やドイツ法よりもイギリス法の教育が主流であった。法学については開成学校から東京大学まで一貫して英語による教育が行われ，外国人教授で占められる中，唯一の日本人教授である井上良一にも師事する。また，東京大学を設立し初代総長を務めた加藤弘之を，その強制的なドイツ法導入を理由に相当なまでに嫌っており，「学問の自由，其発達を阻害し」た人物と捉え，ずっと後年になってからも「俗吏腐儒」と呼び，その教育を批判している。明治12年7月，増島は，東京大学第2回卒業生の首席となり，法学士の学位を取得した。

　卒業後の増島は，山下雄太郎，高橋一勝，磯野計（明治屋の創立

者）らが神田区錦町に構えた「法律相談所攻法館」という事業に携わる。それは，代言人による法律相談所であり，法学塾を兼ねていたとも言われるが，その詳細は定かではなく，その後の行く末も不明であり，何より増島はじめ関係者が多くを語っていないところを見ると，大きな成功を収めたとは言い難い企てだったと考えるのが自然であろう。また，この時期の増島は東京大学予備門の嘱託講師を務めている。

　明治13年，卒業して1年を経ない22歳の増島は，ここで生涯の転機となる大きな動きを見せる。つまり，三菱郵船会社社長である岩崎弥太郎に面会し，山下雄太郎，磯野計とともに，英国に留学する資金援助の約束を取り付けるのである。増島本人も「感服した」という通り，岩崎は資金提供の交換条件を一切つけておらず，ただ国の将来を見込んで投資したと考えられる。話がついてからの展開は急速で，同年10月には英国に渡り，ミドル・テンプルに所属して学ぶ。ここでの3年間にわたる修行時代を，実にほとんど英語のみで授業をしていた開成学校・東京大学を出た増島にしてもなかなかに難しく，独力による研究も課せられ，身体を壊したことを後年回想しており，また，法学院で行われる招待制による会食という習慣や，特定の階級に付随する高貴さが法曹に必要とされるなど，英国ならではの勉学だけによらぬ法曹養成のあり方もこの時に実際の体験として知ることとなる。明治16年2月，25歳で法廷弁護士（バリストル・アト・ロー）の資格を授与される。さらに1年の修業を経て，増島は明治17年6月に帰国した。

　帰国した増島は，英国法廷弁護士の看板も助けとしながら，京橋の檜町（当時の日本橋檜町六番地）に法律事務所を開設し，事業を

開始する。代言人として実務の実績の面でも間もなく名を揚げ，明治19年には早くも代言人組合会長（今で言うところの日弁連会長）に就任している。

　増島が教育に熱意を見せ始めるのもこの時期からのことである。まず，帰国後に東京大学法学部の講師を「懇請に応じて」務めるが，「本意で無いから」1年で辞めてしまう。一方で，神田区錦町の明治義塾の教壇に立ち始める。明治17年に明治義塾が廃校になると同塾の土地をそのまま引き継ぐ形で，明治18年7月にいよいよ英吉利法律学校が，18人の創立者たちによって設立されることになり，増島はその初代校長を務めることとなる。18人のうちの誰がそもそも設立を発案し，誰が中心的人物であり，誰と誰が人脈として近く，ともに派閥を形成したのかなどについては不明な点ばかりで，即断は危険であるが，少なくとも土地買収を含め増島が設立に大きな役割を果たしたことは間違いがないだろう。増島本人の言によると校長の選出は互選によっていたし，選出されるに値するだけの尽力を学校設立に際して示していたことを周囲が認めていた証拠である。また，増島は英吉利法律学校と同時に同地に創立した東京英語学校の校長も兼任している。明治22年10月に英吉利法律学校は東京法学院と改称するが，引き続き増島が院長を務める。明治24年4月に菊池武夫に学院長の座を譲ると，二度と学校の長の座に返り咲くことはなかった。

　学者としての増島は，日本初の博士号取得者である穂積陳重ら（明治21年取得）に少し遅れる明治24年に，東京大学から博士号の学位を取得している。増島の学術的な功績は，何をおいても，正求律書院の設立であろう。古今東西の法律書籍・文書を大規模

に蒐集して自邸内に保管・公開したことに始まる個人文庫で，その後最高裁判所にて正求堂文庫の名で維持された。また，実務的な方面から教育・研究に携わった経緯からか，書籍の形で残した研究は多い方であるとは言えない。数多くの講義録は残されているが，自ら執筆に関わったものとしてあげられるのは，編集に携わった『裁判粋誌』(明治19年?-明治28年)，『財産法』(明治20年)，『英吉利訴訟法』(明治20年)，『教育立直論』(1910年代?)，『醒めよ国民』(昭和2年)，『法令索引総覧』第2巻(昭和9年)，『大審院民法凡例索引』(昭和9年)，『英法辞典』(昭和18年)といった一連の作品であり，見ての通り教科書とレファランスの類の著作が目立っている。こうした著作よりも広く世に問うてセンセーショナルな影響を与え，反応を招いたのは，むしろ民法典論争に際して増島が『法学協会雑誌』，『法理精華』，『法学新報』といった学術雑誌に明治23年前後に相次いで掲載した文章であり，この時期こそが学者としての増島の最高潮だったと言えるかもしれない。

　増島は，弁護士としては，明治17年に英国より帰朝して間もなく代言人資格を取得して以来，昭和6年(1931)に正式に引退するまで実に50年近くものキャリアを積み重ね，まさにその世界での熟練者として長きにわたって知られる。経営的な意味での成功も傑出しており，東京の事務所を，横浜，神戸，上海にまで拡大させた。実際，大変な利益を生んだようで，毎年の番付長者の常連になるほどの資産家に成り上がる。攻法館時代には認知度も需要も低かった一代言人は，留学後に大いなる成功を収めたのである。

　増島六一郎の人物・性格について触れるならば，「バリストル

（バリスター），法学士代言人」というのはほぼ増島のみに許された肩書きで，この世でこの肩書きを言えばそのまま増島のこととして通るほどのユニークな肩書きであり（他に全くいないわけではないが），これがそのまま一人物のキャラクターを構成したらしい。というのは，この時代にこの肩書きをもった人物が他にそうなかったからである。このある種ニックネームともなっている肩書きを自分でも気に入っていたと見えて頻繁にこれを自称しており，そういった独自なる自分を好んでいたとも考えられる。例えば，『英法辞典』の著者名には「バリストル増島六一郎」とあり，これが今では図書館のデータベースや古本屋の目録で「バリストル」という姓で分類されてしまうことも珍しくないところを見ると今日では異例な名乗り方であるのは明白であるが，さて，当時は異例でなかったかというと，そんなこともないであろう。やはり一風変わった名乗り方であり，その名乗り方そのものがその個性を形成するのに与っていたと言える。

　幼少時は「神童」と呼ばれ，「頑固一徹」，「信念の人」などあらゆる性格づけがなされ，「苦学生の代表」として二宮金次郎的な知られ方をしたこともあったらしく，それはそれで苦学生が特別な意義をもつ中央大学の系譜において興味深いところでもあるが，当然ながら人生のそれぞれの段階や関わる者との関係によって人物像が転変するし，ある程度まで真偽相混じるのが自然であろう。しかし，かなりの変わり者であり頑固者であったことは，複数の証言のおおよその共通項と認めることができそうだ。

　幼少時に関して知られるエピソードの一つは，彦根藩では各々の店の前の通りをおよそ1メートルの幅で店主が除雪しておかねばならないと決まっていたが，増島15歳の頃，通学路にある店

の前に雪が取り除かれていないのを目にした時のことである。藩法で決められているから除雪をせよと増島少年が店主に言ったところ,店主は子供の言うことだからと相手にしない。そこへ増島が目を怒らせて店主に対して「耳が聴こえないのか,法にしたがって対処しないとこちらとしても出るところへ出るぞ」と恫喝すると,今度は店主が臆して,あの少年はさぞ大人物になるだろうと思ったという。今日的な道徳譚の文法に照らして考えると胸が空くようなすがすがしい逸話とは必ずしも言い難く,語りの写実性にも完全とは考えにくい面が残るところであるが,これはこれで法曹になる星の下に生まれてきた強情な性格のもち主という性格づけを流布するのにある程度機能したのだろうと考えられる。

　後年の増島は,主に本人の文章から判断するところでは,この頑固さを自らの中で健やかに育んで成ったようである。例えば,『醒めよ国民』の中で世界平和を実現するにはどうしたらよいのかということを説明して,それは世界各国が利己的な外交を止めて正義に徹すればよいと言う。正義を誠実に行わない者は国際的な外交の場に顔を出すにはまずその資格を欠いているのだと喝破する。しかし,今日の政治学に照らすならば,国際平和には正義も大事だがそれで全部でもないはずだろうし,正義は容易に多義的であり得て,二律背反を含み込むし,何より増島の言う正義がそのままで実効性をもった試しはない。正義の言葉を百回繰り返して万人を諭しても,正義を実現する実効的な戦略的な方法論にはなり得ない。つまり,増島の強く主張する正義は学術的な知見や論というよりは,思想や信条に近いものであり,増島の性格を表す要素として受け取る方が適していると言えよう。物言いが大げさで,頑固にして独善的な正義を唱えるというのはけっして明

治時代には珍しい営みではないだろうが、増島の場合はそれに輪をかけて単純に、人一倍大声で行った結果が、そうした性格で知られるところとなったということなのだろう。望ましい外交を語るのに現状を嘆くことから説き起こすとなると、外交の悪口をならべる手順を踏むこととなるが、それと同じ修辞を必ず反復しつつ正義の徹底を主張したい増島は、国内外の弁護士、判事、検事、裁判官といった法曹の批判をし、政治家の悪口を言い、医者の商売のあり方に文句をつけ、学者を蔑み、およそ重職、栄職と言われるものに従事する人々すべてに辛口批評を投げている。なかでも増島の官僚嫌いは破格である。それにとどまらず、果てはキリスト教徒、イスラーム教徒、欧米人全体、日本人全体を批判の対象とし、常に世の中に強い不満を抱えている孤高の人のように見えてこないでもない。

　正義を説き続けるだけあって、常に本人は正しいのではあるけれども、しかし、果たしてそれが多くの人に魅力的な人物と映ったかどうかは保証できるところではなく、したがって、もう一つ増島が人々から集めたのは、変わり者という評判である。ここでも増島の思想が一番反映されている『醒めよ国民』を参照するならば、19世紀イランに興った新興宗教であるバハイズムに心酔し、その歴史を相当の紙面を割いて熱く語る辺りは、当時からしても常識的見識とささかの距離があると判断せざるを得ない。また、西洋文明、白人文明、キリスト教文明への強い対抗意識を語り、その結果か、国粋主義に耽溺する様は当時からしても常軌を逸していたであろう。しかし、その極論の副産物として、増島の議論には、国際連盟の本質的限界の指摘や、思い切った移民政策の主張や、国民国家主義の否定やパスポートの廃止など、未来

の予見ないし先見の明ともとれる見解があり，なおかつこれが洋行先から受け売りで輸入してきただけとも言えないものが度々含まれていて，これは変わり者であるがゆえにもてた知見と言ってよいのではないだろうか。

　また，伝えられるところでは，「バリストル」に引っかけて「イバリスト増島」ともあだ名されていたそうで，かなりの威張りん坊でもあったようだ。英吉利法律学校の校長としても，憲法発布の日は馬に乗って学生を率いて，日本橋から銀座を通って新橋，そして宮城前へと行進したというエピソードもそれと無関係ではないかもしれない。また大新聞のコラムでも「増島流で」という言い回しで，「他を顧みぬ我流で」という意味を伝えようとしている箇所が見られ，このことはこの唯我独尊スタイルは広く公衆の増島について理解するところであったと考えてよさそうである。威勢を誇示するのに手段を選ぶ場合ばかりではなく，増島の奇行ぶりを追って無視できないのは，小澤勝次郎が編んだ『明治紳士譚』に掲載の「増島六一郎外人を蹴る」である。クライアントである異人が土足で自邸へ上がったので足蹴にて返り討ちしたという武勇伝である。

　もう一つ，増島が変わり者であることを伝えるエピソードに加えられるべきは，金銭面であろうか。その生涯では金を貯め，一部には客嗇家との誹りもある程度受けたと言われる。前述の通り，主に弁護士稼業で財をなし，明治24年には東京市麻布材木町（その後の麻布北日ヶ窪37番地，さらに後のテレビ朝日と六本木ヒルズ）に5,500坪の邸宅を構え，一大資産家に数えられたその裏には人並み外れた金への執着があったかもしれない。しかし，これに関しても変わり者であるだけに一つ良かった点は，相談に乗っただ

けで金をとることも含め，弁護士業で金を請求することは，ケチでも守銭奴でもなく立派な職業のあり方であることを強く主張して定着させたことである。つまり，智恵や知識，情報そのものが財産であり，それを提供することや，それを使ってサービスを行うことには，金銭的な価値があることを知らしめたのである。事実，増島にまつわる当時の噂や陰口の中には「あいつは人の話を聞いただけで友人からも金をとる薄情者だ」という噂があったのだから，その声の主を「乞食根性」と吐き捨て，法律相談料を頑固に堂々と請求したことは一つの啓蒙であったと考えることはできるだろう。

晩年の増島は，昭和23年に91歳を迎えて11月13日に没するまで，若い頃の洋装とは対照的に，その国粋主義を和装の着用で表現し，いよいよ頑固にして元気な姿を見せ続けており，明治をそのまま昭和にもち込んで，いささか長生きしすぎた感もあったろう。しかし，「大長老で太平洋横断のレコードホルダーである増島六一郎」を伝える昭和14年の『東京日々新聞』の記事は，健老の奇人の40回目の太平洋横断を祝って送り出す微笑ましい筆致で語られている。当時なお多くの国民感情に照らして大いに嫌味でさえあり得た洋行であるが，言っても聞かぬ風変わりな老人の冷や水として温かく見守っている。おそらくこの憎めない怪老のイメージこそが，晩年の増島が広く人々から得るに至った人物像であったろう。

2 バリストルとして

増島六一郎は複数の職業や職位，肩書き，その他の社会的立場

に身を置いているものの，自身の自己アイデンティティの第1の
ものとしては，代言人として，また後の弁護士として自らを考え
ているのは間違いなさそうである。増島のキャリアの核心はこの
弁護士業務で形成されているのである。

「代言人」とは明治当初からの弁護士の呼称であり，公式な資
格免許として公認が開始されたのは明治5年（1872）のことであ
る。ただし，今日的視点からすると誤解されやすいのは，明治9
年までは江戸のお白州の雰囲気を引き継いだものであった。これ
が同年に「代言人規則」が施行されて，登用の判断基準として試
験制度が導入される。しかし，今日に考える専門職は明治20年
代以降のことである。

ところで，増島が日本に数ある代言人や弁護士と自らを分けて
考えようとする際のよりどころの一つとなっているのが，代言人
の資格とは別個に有していた英国の法廷弁護士（バリストル）の資
格であり，増島が再三自らを「バリストル」と呼んでいたのは前
述の通りである。ここで，英国の弁護士制度について理解してお
く必要がある。まず弁護士には2種類があり，法廷弁護士が法廷
で訴えを起こすのに対して，事務弁護士（ソリシター）は法廷では
発言をせず，専ら調査や文書作成，訴訟の資料準備を行い，法廷
弁護士に依願して仕事をお願いすることなどを業としている。日
本語で翻訳するとともに弁護士となるのが誤訳かもしれないと疑
わせるほどに全く業務内容の違う2種の仕事なのである。

この二つが違っているのは何よりもそれぞれに就業する者の出
身階級である。法廷弁護士は上流階級出身の子弟がお家の事情か
らやむを得ず職業をもたねばならない時に世間的体面を保ちつつ
就く職業であり，下々の者に成り代わって法廷で訴えや発言を行

うべく存在する，社会奉仕的犠牲の精神で成っている仕事なのである。ここでは社会的な階級や立場に対する信頼性が買われて職業が成立しているのである。したがって誰でも等しく就く機会が開かれているような仕事ではなく，その出身階級や社交範囲が厳しく問われ，それに相応しくない者はいかに優秀であろうと四つしかない法学院に入れない。また，ここを卒業するためには，先輩のバリストルたちと数度にわたる会食を経験し，このソサエティの一員として認めてもらうことが必要であるが，ここに相応しくない者が仮に法学院に入ったとしても，永久に会食に呼ばれることはない。そもそも一般的な職業とは厳格に区別されていて，謝礼の支払いに使われる通貨さえも異なっている。資格をとってすぐに明日から稼ごうなどという了見の人にはおよそ向かず，5年も10年も仕事がないのが通常なので，それでもよいという人が選ぶ進路なのである。このように，完全に閉鎖的な特権階級からなっているし，それに伴って血筋や財産，人種，宗教，教育などあらゆる点で差別が入り込んでくる。だからこそ，増島も穂積陳重も，あの時代に英国で法廷弁護士の資格を取得して帰朝したことは，実に大変なことであるのだ。増島自身も回想して，特にこの職業に伴う高貴さを強調し，またそれを誇っている。

なお，さすがの英国でもこれだけでは立ちゆかなくなり，試験制度が徐々に取り入れられたことも日本と同様で，まさに取り入れられた頃が増島の留学した時代に相当しており，その方で能力を発揮できたことは大いに増島を助けたことだろう。しかし，社会的信頼性の背景としてその出身階級や人物の家庭の背景を問題にするということがなくなったわけではなく，今日の英国でも続いていることである。

一方で，事務弁護士というのはその名の通り事務職であり，こちらは主にその事務的な能力を買われて就く職業である代わりに，社会的に信頼されることや高貴であることなど一切問題にされていない。労働者階級から一つ階級を上がって肉体労働から事務職に移ることができて成る下層中流階級（ロウワー・ミドル・クラス）の人々の典型的な職業とされているのがこの事務弁護士で，正義もなければ，奉仕的精神もなく，法廷や人前で堂々と話すほどの社会性も必要とされず（上流階級と違ってもじもじしていてはっきりと発話することが苦手な人が多いとされている），自分の日銭だけを考えて働く人にぴったりの職業とされているのがこれなのである。金のためならどんなことでも訴訟を起こして，自分の利益以外を顧みないような悪人として描かれるのも，この職業の一つのステレオタイプとなっており，社会的奉仕とは対極に位置するのである。

　さて，法廷弁護士の資格を取得して，意気揚々と帰国して，バリストルを名乗って個性とし，さらにその個性で名を売り実質的利益にもつなげ，さらにはその称号の高貴なる属性について宣伝した増島六一郎なのであるが，一つ釈然としない点がある。明治16年2月に法廷弁護士の資格を取得した増島は，さらに1年の法律修業を経て翌年6月に帰国するのであるが，その1年の修業期間を事務弁護士の事務所において事務弁護士としての業務に携わっているのである。なにしろ「実地応用」で知られる増島である。法廷弁護士の実地は法廷にあるのではなかっただろうか。何か他の原因，例えば法廷において英語の発話が壁になったということも考えにくいだろう。国内でも大学までをほぼ一貫して英語で学び続け，英吉利法律学校の創立に際しても英語でスピーチを

好んでしている増島なのである。

　これはおそらく，前述の特権的閉鎖性が原因となってのことであろう。下層中流階級と違って，能力よりも人物評価が先に来るために，社交において獲得する人脈や評価の中でこそ仕事を獲得していくのである。だから，増島や日本人に限ったことではなく，法廷弁護士資格をもちながら中年になっても一切仕事をしたことがなく暮らしている人物など，この時代にはごまんといたのである。法学院で厳しい修業はするものの，根本のところでは出身階級や人柄に対して資格認可を与えているのだから，それで不自然なこともないだろう。増島は勉学において傑出していたかもしれないが，それよりも極東からやって来たそれなりの階級であるらしい人物に文化交流の一助くらいの意図で資格授与をしたのが，およそ「バリストル」の実態ではなかったのだろうか。

　しかし翻ってみれば，それでいながらこの「バリストル」の称号を最大限に有効利用し，活用し，実利に変えた点で増島に及ぶ者はなかったろう。この称号は，日本で帯びると極めて稀少な看板となり，これを掲げる増島に莫大な富を運び込んだのであった。

3　英吉利法律学校の創立者として

　増島六一郎は英吉利法律学校の校長を務めたために，18人の創立者のうちで筆頭に置かれることとなっているが，英吉利法律学校創立当初もあらゆる意味で学校を代表していたとは言い難いだろう。それは，この学校が一人のカリスマ的碩学の下に学徒が集まる学校ではなく，複数の目的をある程度共有した人々の集合からできている学校だからで，増島の他に，東京専門学校（現早稲

田大学)の教師らの流れがあり、東京大学の法学教師たちの流れがあり、また官公庁や代言人の人たちの流れがあり、これらが合流し、「イギリス法を日本語で講ずる」という一応の共通目的を大筋で了解した結果、創立されたのが英吉利法律学校なのである。

　中央大学の「正史」では、この英吉利法律学校の創立こそが中央大学の創立であり、ある時点より、その設立の趣意書に名を連ねた18人をもって「創立者」と称することになっている。ところが英吉利法律学校は、全く何もないところからいきなり出現した学校ではない。英吉利法律学校から時代を遡ることも可能である。この学校の前史として欠かせないのは、明治11年に神田錦町に創立された三菱商業学校である。三菱社長である岩崎弥太郎の出資でなる商業学校であり、修了年限を6年に定めた学則もすでに整えられている。この学校の夜間教室として設けられた明治義塾が3年後の明治14年には校地を変えずに独立。馬場辰猪、大石正己らが岩崎の従弟である豊川良平を校長に仰いで再始動するが、明治17年には廃校になっている。明治義塾になった段階では、一般教養を身につけさせた後に、専門科目として主に哲学・法律・政治・経済を教授している。なかでも馬場辰猪が法律部門を独立したものとして加設し、明治義塾法律学校と呼ばれる部局を設けている。増島はここに監事として名を列ねている。この明治義塾が廃校となった後、その跡地における次なる学校設置のために増島六一郎が奔走することとなるのである。一説には、経営が極度に傾いた岩崎家から、校地を増島単独の財力をもって、法外な高値を対価に支払うことで譲り受けたと言われる。その金額を不問とするとしても、すでに大きな財を得ていた増島が

買い取ったことはあり得ない話でもないだろう。また、同じ校地に隣接して創立したのが東京英語学校である（現在の日本学園である。東京大学予備門となり現在の日比谷高等学校に連なる東京英語学校とは同名であるが別物である）。増島六一郎は英吉利法律学校だけではなく、この東京英語学校の校長をも兼任していることは、この校地に開かれた教育体制における増島の存在の大きさを考える時、十分に注目に値しよう。当時、学生に基礎的教養を身につけさせ東京大学に送り出す、私塾設立の試みがいくつか見られ、東京英語学校もそうした試みの一つに数えることができ、その点から考えると、東京英語学校は、増島にとって、あるいは英吉利法律学校よりも重要だった可能性も考えられるのである。増島本人が語るところでは、少なくとも英吉利法律学校では、選ばれて初代校長の座に着いている。おそらく関係者の間での互選によると考えられるが、うやむやな流れによるものでも、大口出資者であることの恩恵としてポストを得たということでもないのである。

　一方、英吉利法律学校の設立のあり方には、増島の理念を反映していない側面も同時に見えてくる。例えば、教育方針の中には英国の法律を「日本語で講ずる」ということが一つの大きな核を占めている。つまり、前述の通り東京大学では分野を問わずほとんど日本語による教育は行われていなかった時代にあって、日本語による講義やその他の教育を与えることが在野の学校の特性でもあり時に利点でもあった。しかし、イギリス法の分野でこれを行う学校が存在していなかったので、英吉利法律学校こそがその役を担うということが一つの設立趣旨であったのだ。ところが、増島は必ずしもこの理念に賛成していない。同じ敷地内に建てた東京英語学校もまた不自由なく専門科目を外国語で受講する能力

を身につけるための英語学校であったし，実際，増島は創立後2年目には，英語でイギリス法を学ぶコースを設けている。

　さて，以上のように見てくると，英吉利法律学校設立時における増島の位置づけには，すでに両義的な見方が可能であることがわかる。すなわち，一方では，英吉利法律学校設立の立役者とも見ることができるが，他方では，多くの創立者のうちの有力な一人にすぎないという見方も可能である。中央大学の正史では，後者の見方をとっている。しかし，前者の見方を仮にとるとすると，中央大学の起源を英吉利法律学校ではなく，三菱商業学校まで遡ることだって可能になる。というのも，増島を中心において眺めるならば，岩崎弥太郎が建てた三菱商業学校の教壇にすでに立っていた増島が後に校地を譲り受けて新たな学校を建てるということは，一つの学校の系譜と見ることを可能にするからである。確かに東京英語学校の次なる校長のことを伝えた『杉浦重剛先生』に綴られる証言によると，少なくとも東京英語学校は「岩崎家とは関係がない」とのことであるが，同じ校地と教員に引き継がれるものが皆無であると見るのもまた極端であろう。資金や組織の面で一度白紙に戻っていても教育の実態という面からはその系譜をつなげてみることは十分に可能である。例えば，昌平坂学問所が改組の変遷から見ると東京大学に編入されたことにはならないものの，同学問所なしには今日の東京大学はあり得ないように，中央大学においても三菱商業学校を抜きに考えるならばその歴史的考察を誤るのである。現在のところ中央大学自身は，それ以前の歴史的流れを断ち切って，ここに英吉利法律学校が現れたという歴史の説き起こし方をしているが，これは，各種の意図から生じる幾多の説明方法が交錯し競合する中で，結果として，

一つの方向性として選ばれ，ここに落ち着いた一つのバージョンとしての創世記であったのだと考えるべきだろう。

　もう一つのバージョンで語ろうとするとき，あまり語られないできた中央大学と慶應義塾との興味深い関係が見えてくるのだが，この点を掘り下げるのは別の機会としたい。

4　増島と建学の精神

　中央大学の建学の精神は，昨今，「実学」の2字に縮約して語られることが多い。しかし，これには誤解がある。第1に英吉利法律学校に関係する文書か否かを問わず増島は一度として「実学」という言葉を使っていない。第2に使われていないながらも，その実学という言葉の意味をめぐる誤解があるということである。

　まず，これの出所は英吉利法律学校設立の趣意書である。そこには「専一の力を其全体に及ぼし以て実地応用の素を養うもの未だ曾て之あるを見ず」とある。この「実地応用」を実学と縮めたわけだが，これを縮めるのは明らかな誤読なのではなかろうか。つまり，ここにいうのは，「実地応用の素」が欠けているからこれを養う必要があるということであって，「実地応用」を学校で養う必要性を言っているのではないからである。増島は実地応用という言葉が好きで各所でこの語を反復している。しかしながら，実地応用に先んじて重要なのは，それを可能にする学問的素養であり，見識であって，それがなければいかに実地の実践を繰り返してもものにはならないというのが増島が常から繰り返す説なのである。例えば，法律に関する「正義」について，増島が述

べて言う。

> 文字に表せば誠に簡単で2字に止まるが，其真義は一わたり法律書を繙いた位で分かるものでない。熟読吟味充分に咀嚼して尽くしてさて絞り出した結果でなくては，到底其学問は実用に供せられぬ。それ故単に法律書ばかりでもいけぬ。更に古典に分け入り，其幽玄を闢いて古の聖人と心交し，斯くして味得した所を実地に応用する事数年，然る後に初めて法とは何ぞやという事の輪郭が脳裡に明瞭に加え来るのだからである。

こうした思想のもち主である増島が，学校設立にあたりその学校での修学の営みの核心に実地応用や実用の学を置くとはとても考えられないのである。したがって，英吉利法律学校の建学の精神には実地応用ではなく，実地応用に際して耐えることのできる学術的素養を謳っているのである。

そして第2に，かくして「実学」と増島自身も言っていないし趣意書も言っていないながら，なお，「実学」についての誤解がある点についてである。実学こそは中央大学の特色であると考える向きも少なくないようだが，実はこの時代に設立された学校は官民問わず実に多くが「実学」をモットーに掲げていて，その点，この2文字をもって唯一無二の独自性を主張するには無理があるのだ。専修大学しかり，一橋大学しかり，早稲田大学においてもこの傾向は多分に見ることができる。また，こうした傾向は，福沢諭吉の教育理念と一致するものでもある。英吉利法律学校においても，この意味での実学の理念を共有していると考える方が自然なのである。

では，福沢諭吉の言う実学とは何か。福沢がこの2文字に「サイヤンス（科学）」とルビをふっていることからも明白な通り，実

学とは対象をその表層や現象だけではなく理念や意義，仕組みを実証的なレベルで理解しようとする姿勢のことであり，これを満たさないものを学問の名に値しない「虚学」と呼んでいる。例えば，西洋の科学技術を取り入れる段にあっても，単に機械を輸入して使い方を覚えるだけでは発展性がなく，その個体が壊れたらまた輸入するしかないが，むしろその仕組みを理解してこそ同じ機能のものを自分の文明の中に取り入れたことになるのであり，そこに仕組みから理解する実学が必要になるというわけである。このことは法律学でも経済学でも，文学，医学，その他の分野でも全く変わりはないのである。近年，巷でよく聞かれる，実学とは実践的に役に立つことを学ぶことで，虚学とは役に立たないことを学ぶことであるという理解がここでは通用せず，むしろ逆でさえあることがわかるだろう。つまりそれで言うと，ワープロだの英会話だの資格試験に通る知識だのといったものが社会に出て即座に使い物になるから実学であるという扱いを受けがちであるけれど，これらこそは虚学なのである。人から与えられた仕組みをなぞることができるかどうかという能力しか求められていないからである。そしてその中には一切の発展性は期待できない。一方，法律の適用可能性をその論理性から机上において探ること，経済学において架空のシミュレーションを行うことは，虚学であると言われがちであるが，これこそが実学なのである。当面何の役にも立たない文学こそ実学であり，数世紀を遠回りする贅沢を前提にしている歴史学こそが実学なのである。

　前述の通り増島自身が実学という言葉を使っていないながらも，以上の通り実学の本来の意味を説明するのには理由がある。この言葉を使っていないながら，増島の中には当然この意味での

実学のイメージがあるからである。というのは、実学という言葉を使っていない増島であるが、「虚学」の2字は大いに使っており、そこから自ずと増島の考える実学の像は明らかになるからである。例えば、外交官の育成について増島は言う。

> 国家建設の根本意義の自覚なく、人間教養の至上目的を理解せず、徒らに職業的知識の注入に専して人格的精神の渾成に怠る官私諸大学、専門学校等が外交官の孵化場であるが為に、彼等には只外交官の虚学を養うの外、何等其使命や責任の自覚がない、フワフワと、宛も陽炎燃ゆる春の野にさ迷い出ずる蝶の如く、漫然と試験を受け、合格するや又漫然と外交官となる迄のことである。

この通り、職業的知識の積み重ねは、一つの職業にとって最も必要であるかに見えて、それを専ら積み重ねることは増島においては、「虚学」なのであり、この点で、全く福沢の言う実学と虚学の考え方を、当時の他の教育者同様、増島は継承しているのである。

英吉利法律学校の建学の精神は、今日の中央大学に、今日なりの部分を強調した形で、今日なりの解釈で伝えられている。それは建学に際して語られたこととずいぶん離れてしまった面もあるかもしれない。先に述べた通り、英吉利法律学校は何も増島一人の学校ではないのだからして、その理念を追う義理は中央大学にはないのかもしれないし、第一、後述するが増島自身がその試みにどうやら失敗したと思われる節がある。しかし、今からでも追求してけっして恥ずかしくない、時代を超えて立派な建学理念でもあり得るのではないだろうか。

5　教育者として

　前項に扱った通りの教育理念を考えると，増島六一郎が明治義塾，英吉利法律学校を通じて教壇にて講じてきた科目の意味も見えてくるのではないだろうか。冒頭に述べた通り，少なくとも英吉利法律学校創立当初に増島が担当したのは，「財産法」，「訴訟法」，「法律沿革論」，「英国治罪法」，「判決例」，「憲法判決例」であり，明治義塾では「破産法」をも担当したことがわかっている。講義の様子を知る上で幸い一部の科目は講義録が残されており，また著書からその科目で何を重視したかなどを知ることができる。

　増島が担当した科目は，その性質から二つの教育傾向を以て考えるとわかりやすいのではないだろうか。一つは，そのほとんどの科目がそうであるが，特に「訴訟法」に見られる徹底的な判決文の読解演習である。つまり，判決文を読み込んで，何がどうなっているのかを徹底的に読み込んでは，その方法を身につけるという特訓である。それこそプロフェッショナルの法律家が行う実地の訓練のようであるけれど，しかしそれでも実地の訓練だけを意図したものではないと考えられる。つまり，こうした作業を通じて英国の法律の理念を体得するといった意図があってのことだろうと考えられる。理念の一つひとつが判決例に埋め込まれているという英国法の特性こそが，こうした物量的訓練から理念の理解に至る方法をとらせるのであり，おそらくは増島が英国で修行した際に鍛えられたその方法を日本の教室で実践したと考えるのが妥当であろう。一つひとつの判決例の体得の蓄積から英国法の根本思想を学生に会得させようという試みなのである。

　今一つの傾向は「法律沿革論」に現れている。この講義は，サ

ー・ヘンリー・メインの『古代法』の英文テキストを教科書として進められ、その名の通り法律の沿革を語るものである。講義録を参照する限り詳細な条文の一つひとつや手続について語られることはなく、法は西洋においてどのように発展してきたのかということを、かなりの大きな枠組みでその理念を語るものである。実に大きな歴史の中での法の役割とその考え方の変遷について扱っている。さらには、こうした西洋における進展が普遍性をもっていてやがて日本においても反復されるのか、あるいは西洋においてのみ見られる一回的な現象なのかというある種の文化論に入っていく。こうした種類の知識やそれについて考えることは、法律学校を出て、将来法曹となる者や、法律の専門的知識を糧に社会を生きていく者にとって必要な知識であるのかどうかということが一つ問題になるが、増島はこうしたことこそ必要であり、優先して講じられるべきであると考えたのである。法律を学ぶ者に必須の条件として法律のそもそもの成り立ちや社会での意味、その働きの根本を、徹底的に考え抜くという経験をさせようとしたのである。増島があげる代言人に必要な七つの要格の中にも「法律の沿革に通ず」が入っていることから、実務に携わるにしても重要な背景と考えたようである。外交官をなじる際の知識一辺倒の批判を見ればわかる通り、専門的知識を片方では教えつつも、それだけでは不完全であると考えたのである。

　以上の二つの傾向は相互に逆の方向性であるように見えるものの、ともに、先に言う実学を実践した際の二つの形であったと考えることができるだろう。しかし問題となるのは、やはり英吉利法律学校が、複数の目的をある程度共有した人々で運営されているという点である。法律沿革論やそれに類する科目を必要と考え

る人もいれば，こんなことは限られた授業時間の中で行う必要など一切ないと考えた人も当然いただろう。この分裂というのは，同時に，ゆくゆく英吉利法律学校がどういった人間を輩出するための学校なのかという位置づけを決める意味でも，大きな分裂である。わかりやすく言うならば，特権的な地位にいる学生に，職業や進路にとらわれず法律を通じてものを考えることを経験させて，それを活かすことが期待されるエリート層を輩出する大学的なあり方にするのか，もしくは，法曹などの一定の職業人を輩出することに特化した専門学校的な存在としてあるのかという分かれ道である。前者であれば，専門的知識を積む科目こそは付随的なものであり，法律沿革論こそが基幹科目に位置づけられるべきであろう。後者であれば，法律沿革論は余力があればおまけとして置いてもいい程度の科目であろう。

　増島のように法律沿革論を必須と考えた人間もいれば，そう考えなかった人間もいたことは，これが，18人もの創立者が多様な目的の下に集って学校を始めたことの一つの宿命的な結果であって，こうした教育目的のもつ幅であり，教育理念のブレでもあるような，教育目標の多義性は，実は私立大学のその後の運命をも物語っている点で，今日的な意義をもつ現象である。つまり，戦前は大正9年（1920）の私学の大学化や学位授与機関認定，さらに戦後の私学の大学認定，大学院拡充に際して，受験戦争激化の時代に大学として売りが必要になった際にも，あるいは，つい昨今の司法試験改革に際しての法科大学院（ロースクール）整備に際しても，私立大学は法曹を輩出する専門学校としてあるか，最高学府たる教育研究機関としての大学としてあるのかという選択に，折に触れ私立大学は立たされてきたのである。二つの教育傾

向が対峙して，その結果，この時代の中での一通りの結論はどうなったかというと，増島はどうやら学校内での立場とその発言による影響力を創立当初に比べて弱めたらしく，増島の教育における主張や考え方も二次的な位置づけに置かれることになるのである。

　英吉利法律学校の後進である中央大学は，その総合的な判断による道程を経て，歴史を積み重ねていくのだが，増島個人から見る時の中央大学は，ここで建学の試みの挫折を見ているのである。だから増島に言わせる限り，中央大学は確実に「失敗」に終わった学校という位置づけなのである。そこには様々な事情があったと見られるが，そもそも「英吉利法律学校をして……官立学校を蹂躙(じゅうりん)する程の位置に達せしむる基礎を得ん」という壮大な意図で開始した建学の試みは，二つの点から挫折を見る。一つは，外的な要因としては，官立を蹂躙するどころか私学の自主自立を奪われたことである。その一番早い動きは，創立して間もない明治18年（1885）の「私立法律学校特別監督条規」にすでに見られ，英吉利法律学校の卒業者が法曹の資格を得るのと引きかえに帝国大学総長の監督下に置かれることとなった。そして，帝国大学が官吏養成学校としての位置づけを明確に与えられた後には，その下請的役割を担わされていくようになる。この屈辱を増島は，次のように語る。

　　英法の精神と其勢力の大なるを知らず，虚名を捉えんとするの痴情に制せられ，平凡なる法科大学たる中央大学として，文部の羈絆(はん)に服するの学校となり果て，今日に存するに至った。其為に夙志は遂げ難く，折角栄え初めた英吉利法律学校も，今では全く其俤(おもかげ)も無い。

もう一つは，私学を学問の府とすることを抑えつけるそのような圧力に対して，それに迎合するような動きが学内に大いに見られたことである。これは法曹を輩出することを許可してもらう代わりに学術内容を制限するという傾向がそのまま選択として現れるケースである。これについて，「それに関した醜態は，今日はまァ言わぬが宜かろう。何れ又話す時が有りもしようさ」と言うにとどめており，しかしながら，活字の上でそれを話す時はどうやら来なかったと見られる。これを「醜態」と呼ぶ増島は，同僚である創立者たちが学校の方針として専門学校であることを甘んじて受け入れたことへの抗議の気持ちをもっていたし，そしてこれと軌を一にして増島自身，教員としては失脚して窓際に追いやられるのである。増島が堅持したかった教育理念を実践できるかどうかということと，日本の社会の中での本学の役割や位置づけというのは，したがって，一つのことだったのである。

　さらに付け加えるならば，ここには増島の在野精神ないし，徹底した官僚嫌いが関わっているとは十分に考えられる。このように独立して民間に身を置き，けっして官職に就こうとしない精神をどこで育んだのかは不明であるが，留学時代に大きく先立ち，代言人稼業を選んだ時にはすでにその根拠に大きくこれが働いているようであるし，何かにつけて官職を非難するのは国に職を求めていないことが前提になっている。増島は自ら東京大学を卒業し，またそこで1年だけ教壇に立ちながらも，官立大学が国民に安い対価で教育を提供するというコンセプトそのものに強く反発している。それは優秀ながら経済的に困窮する苦学生に勉学の機会を与える優しい国の政策ではないかというのは今日の論理であって，限られた豊かな状態を保つ華族と士族がほとんどを占める

官立学校を貧民から集めた税金を学資にして運営するなど、増島からしたら厚顔無恥な搾取にほかならなかったのである。また、増島が官のことに言及すれば必ずや悪説、毒舌を極めて、例外なくこれを非難している。政治家から官僚、外交官まですべて国から給与を受ける者は、貧しい国民から「血税を集める乞食たちである」とまで罵るのである。このように、増島の御上嫌いは徹頭徹尾貫かれていて、私学創設の意図にもそもそも官への対抗意識が大きく働いていたことはすでに明らかであろう。我が国のあるべき教育方針を述べた増島の『教育立直論』が独立の精神を説かんがために、その紙面のほとんどが官僚の怠惰と搾取と隷属根性への批判に割かれていることも、増島にとって官僚批判と教育理念が一体となっての建学であったことを伝えているのである。増島自身が官立大学の教育に多くを負って世に立ったように、英吉利法律学校の創立者はみな官立教育を受けていたのに加え、多くが官職に奉ずる身であった。英吉利法律学校の創立者たちのほとんどは専任の教員として学校に勤めているのではなく、何かの職の片手間に教えたわけだが、その本職としては、弁護士の他、官立学校教授、警視庁や司法省、文部省、外務省など各省庁の官僚、大審院判事などの職に就いていた。その後のキャリアにおいても、学士院長、帝国議会議員や大臣、地方自治体首長を務め、その他の省庁の役人など、国やその下位機関に奉職しているのである。創立者以外で英吉利法律学校以来教壇に立ってきた講師たちもまた例外ではなく、広い意味での公務員だらけなのである。こうした環境に取り囲まれる中で、増島が国からの給与を悪銭と呼んではばからず、「人に尊ぶところは独立である」と叫び続ければ、周囲から浮き上がること必至であり、こうした増島の国家

批判や官僚嫌いが周囲から煙たがられたことは，確実である。ここでの争点が，この学校が国策に随従するか否かというまさにそのことであるだけに，初代校長と言えど，18人のうちでの多数派を占めることができず失脚しても不思議はないのである。

6　学者として

　英吉利法律学校設立の大きな目的の第1には，先に言うイギリス法を日本語で講じて，当時にあって十分に機能し得ていない官立学校を凌駕することであったが，これをもう少し具体的なレベルで語っているのを，またも趣意書から引くと，「英米法律の全科を教授し，其書籍を著述し，其法律書庫を設置するの目的を以て本校を設置す」るとある。また，いささかくどいが別の箇所も参照すると，「我国未だ曾て有らざる純粋英吉利法律の全科を修むるの所にして真の法律学研究を助くること，整頓したる法律書庫を設くること，日本語を以て英吉利法律書を増殖するの三点にあり」とも言っており，これらは思いつきで三つならべた程度のことではないことがわかろう。つまり，日本語で英国法律学を教授すること（上に言う「研究」は学生にとっての学究，学習の意であろう），日本語で英国法についての書籍を著すこと，そして法律にまつわる学術書籍や資料を蒐集し管理することの三つである。第1の点については上記の通り増島の教育における姿勢の中に見てきた通りであるので，ここでは，第2の点，第3の点にあたっての増島の姿勢，すなわち学者としての目標と成果について見ていきたい。

　まずは第2の点であるが，英吉利法律学校は，その出発点よ

り，学術研究を行うことを目的とし，その成果を学界，法の実務に携わる者，あるいは国民全体に向けて発信することを目指す場であらんことが意図されている。実際，増島はこれを実践に移して，上記に見てきたように複数の講義内容を時に自らの手で，時に他人の手を借りて，書籍にまとめている。しかし，こうした教科書の執筆編纂・出版というのは学者としての本領というよりは，教育の延長にあるもので，本人の学術研究の成果そのものではない。また，ことに増島の場合は，日本が法に限らず各学術分野で洋書解読や学説紹介など，専ら輸入学問に徹していて何一つ自説を国内外に発信しないことを批判し続けていた人物であるだけに，英法を紹介した教科書の執筆が最大の研究成果であるとは本人も考えてはいなかったであろう。では，学者としての増島がその成果や見識を発信し，世に最も影響力を発揮したのは，どういった機会であったろうか。やはりおそらく世に最も影響を与えたのは，民法典論争（法典論争）の際であったろう。民法典論争とは明治22年（1889）から明治25年にかけて，日本に民法を直ちに施行するか否かを争って国論を二分した論争であり，政治家以外の主たる論客としては，法律学者があり，また法律学者が属する学校がそれぞれの論陣を代表していた。その詳細については他に譲るとして，英吉利法律学校との関係に注目したい。日本において最初に起草された民法典は，ボアソナード民法と呼ばれる。その必要性の要請があったことから，日本近代法の父と言われるギュスターヴ・ボアソナードが1879年に起草に着手したが，1890年の施行の前年より国民性になじまないとの理由から施行を延期すべきだという主張がなされるようになる。施行派の立場に立つ，主たる論敵として明治法律学校（現在の明治大学）があ

り，ボアソナードがいた和仏法律学校（現在の法政大学）があり，井上操を擁する関西法律学校（現在の関西大学）などがある。帝国大学は大学としての立場を示さないものの，静観していたわけではなく，その中では両論が衝突していたのが実態である。そして，延期派の中には日本法律学校を数えてもよいかもしれないが，その中心は東京法学院と改称していた頃の英吉利法律学校でありその先鋒は増島六一郎と同じく創立者の江木衷（まこと）である。増島は，この機会に，自らの見解を，「法学士会の決議を聞く」，「法学士会の意見を以て法学諸派の争題となす可からず」（ともに『法学協会雑誌』掲載），「法学士会の意見を論ず」といった論文において続けて発表する。「法学士会の意見を論ず」はとりわけ強い影響力をもったようで，これが掲載された『法理精華』は政府の弾圧の対象となり，明治23年に発行禁止処分を受けるが，東京法学院は翌年に『法学新報』を新たに発刊し，これが今現在まで刊行され続けることとなる。穂積八束が延期を主張して書いた有名な論文「民法出でて忠孝亡（うしな）う」もまた，『法学新報』に掲載されたものである。増島はなぜか明治24年に代言人としての業務が多忙を極めるのでという理由をあげて東京法学院の院長の任を降りているが，この他にもっと重大な理由があったことは先述の通りである。院長辞任とあわせて，論戦にも自ら幕を引くような格好になった。民法典論争はやがて延期派の実質的な勝利を迎え，爾来フランス法の傾向が強かった民法起草はドイツ法的な傾向を強めて新たにつくり直されるに至り，法典調査委員として論争の後片付けには穂積陳重が駆り出されており，増島は論文を通じて影響を与えたのみである。

　第3の点として，法律書籍文書の収集・保管を，英吉利法律学

校はその創立動機の大きな柱の一つとして掲げている。結果，現在の中央大学の図書館を見るに，私学の予算の中で大きな成功を収め，国内外のどの学術機関に比しても恥じない規模と利便を誇るとは今のところ言い難い状況ではあるだろうから，ここは125年の節目にこれまでの成果を祝うよりはこの節目の大きな課題と位置づけられるべきところではあった。その不備の一因を，これを掲げた増島六一郎自身に帰したとしても，増島自身は必ずしも反論しないことだろう。

　近代学問の大きな特徴は，まず何ごとも蒐集に始まることである。その価値を云々することは措いて，まずはひたすら物を蒐集し，やがて整理，分類，価値判断，その意味内容を問うことができる段階に入っていき，一つの学問分野と呼ぶに足る内実を備えるに至る。法律学も例外ではなく，増島はイギリス法についてもイギリス法以外についても法律に関わる内外の書籍，文書，判例，資料の類を，財力に任せて買い集め，50年にわたって膨大なコレクションを築き上げている。それが最初に形を得たのが，大正15年（1926），自邸敷地に構えた「正求律書院」である。その命名は実家の弓術の教えである「正しきを己に求める」ことから来ており，その内容は「法律を学ばんものは，まず紳士たれ」と増島が反復するイギリス法の精神にもまた合致している。この個人文庫は法律に関するものに限れば，すでにこの段階で日本を代表する規模のものであった。やがて，昭和9年（1934）に運営の都合から財団法人化して正求堂財団となる。戦前のこととあってニューヨーク市にコモン・ロー・ファウンデーションという社団法人をも設立し，同財団のための援助を募ってもいるが，これは戦争によって中断される。太平洋戦争下に空襲を受け，自邸が

一部被害に遭うも、文庫は火災を免れている。増島が没すると、早くも翌年である昭和24年に遺族によって最高裁判所に寄託されることとなり、「正求堂文庫」として一機関として存続し、利用されてきた。この移管が成立した背景には、米軍占領下に憲法草案を練る必要を筆頭に、英米法の研究や勉学が盛んになったことがある。文明開化以来、ここまで英米法が注目されるような事態はおそらく一度もなく、その瞬間を見るか見ないかのタイミングで増島は亡くなったことになる。そして、平成24年（2012）、この文庫は、中央大学に寄贈されることになり、現在、最終の手続が進められている。

しかし、中央大学との関係で言うと、増島はこの膨大にして貴重なコレクションを英吉利法律学校創立当初や、東京法学院において院長を務めた時代はともかくとして、院長を辞任して以来その後の長い年月の中で中央大学に寄贈しようなどと思ったことはおそらく一度としてなかったはずである。教育理念において袂を分かった中央大学である。私財を投じた蔵書に始まる図書館の拡充や管理運営など中央大学の人と一緒にはとても考えられなかったはずである。その結果、増島が嫌いに嫌いつくしたお国の組織である裁判所に、そして中央大学に預かってもらうことになったのは、いささか皮肉めいてはいる。そうであれば、正求堂文庫の成り行きにそのまま増島の意思を辿れるものではないものの、この文庫は増島の貫いた、あるいは貫かざるを得なかった微妙な立ち位置を教えてくれる。

英吉利法律学校校長としてしか語られなくなった怪老増島は、その内輪もめゆえに中央大学内に語り部をもてず中央大学の中でも黙殺されがちである。あるいは、それが一因となって、増島以

外の多くの他の創立者についても語られない大学になっているのかもしれない。学術理念の設定において，学術と実務の距離の取り方において，増島と中央大学との関係には，ほぼ今日の私立大学の課題はすべて埋め込まれている。あるいは，大衆化した時代の大学の主要な問題の根幹もずいぶんここには見ることができるのである。

第4章

旗本屋敷に学ぶ学生たち

1　旧旗本屋敷

　プロローグで紹介した煉瓦造りのモダンな校舎が落成したのは，明治22年（1889）のことである。したがって，明治18年に1年次に入学した1期生たちは，そこで学んでいない。彼らが英吉利法律学校で勉学を始めた時，校舎は，かつての旗本の屋敷であった。

　もともと神田錦町は武家の町である。江戸時代，この一帯に，数多くの武家屋敷がならんでいた。英吉利法律学校設立当初の校舎もその一つ，旗本の蒔田家のものであった。敷地はおよそ810坪，3700石の旗本の屋敷としては，やや小振りである。ちなみに，忠臣蔵で有名な吉良上野介は3000石であるから，蒔田家は，石高では，吉良家より高い。吉良上野介は，松の廊下での刃傷事件後，当時としては郊外にあたる，隅田川の向こう側，本所松坂町に移り住み，ここに赤穂浪士が討ち入った。その屋敷は，およそ2550坪である。

　明治になり，蒔田家の屋敷は，京から下ってきた公家の山階宮の所有となるが，明治11年，岩崎弥太郎の三菱に払い下げられ，三菱商業学校の施設として用いられた。そして，その3年後には，この屋敷の一部を利用する形で，明治義塾が開校する。しかし，三菱商業学校は年々衰微し，明治義塾も学校の維持の方針に行き詰まりを見せていた。そのような中，増島が中心となってこの屋敷を三菱から購入したのである。

　さて，ここでこの屋敷の透視図（図4-1）と間取り図（図4-2）とを見てみよう。図4-1は，わずかに1枚残っている当時の間取り図から，建築家小澤尚氏が復元したものである（小澤尚「英吉利法

図4-1｜創立時（明治18年）の英吉利法律学校校舎。小沢尚氏が教場図面をもとに復元した想定図。旧旗本屋敷を改造し、三菱商業学校と明治義塾が使用した校舎を引き継いだ。敷地818坪余、建坪228坪5勺。翌年には西側に校舎を増築した。
出所：中央大学大学史編纂課所蔵資料

律学校の校舎復元図」中央大学百年史編集ニュース6号（1986）所収）。

　通りに面した北側と南側に、一つずつ入口がある。屋敷の表門であった南側の長屋門から中に入ることにしよう。いかにも武家屋敷らしい長屋門を入ると、その正面には、立派な玄関が待っている。本来、貴人を迎えるものであったここから中に入るのは、いささか気が引けるので、時計回りに回って建物を外側から眺めていくことにしよう。

　玄関のすぐ南側に、一際、立派な造りの一角がある。南側に面した所には、広縁が設けられている。おそらく、この一角がこの屋敷の書院であったと思われる。武家屋敷は、単なる住居ではない。当主の上役をもてなしたり、家来と面談したり、公務を執り

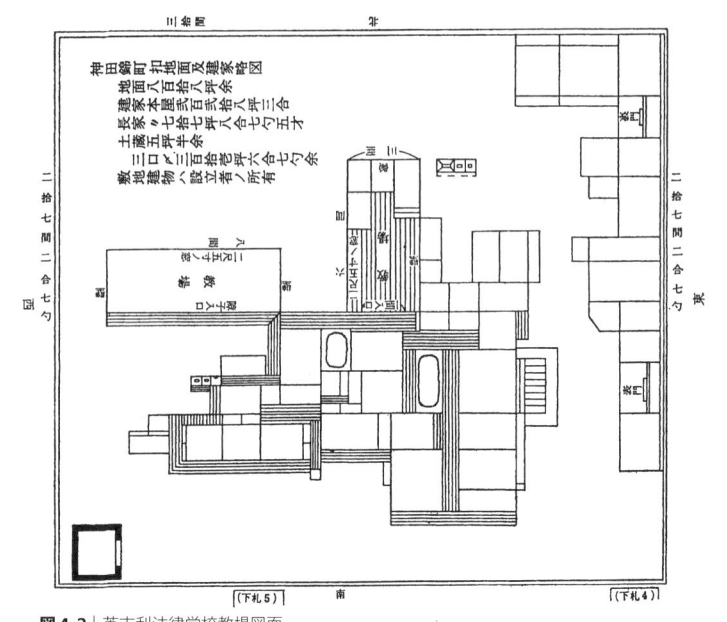

図 4-2 英吉利法律学校教場図面
出所：中央大学百年史編集委員会専門委員会編『中央大学史資料集 第1集』

行う空間も必要である。こうした空間の中心となるのが書院である。千石以上のクラスの旗本となれば，立派なお殿様である。内部に対しても，外部に対しも，自らの格式を誇示するため，それなりの書院をもっていなければならなかった。

さて，この書院と覚しき一角を通り過ぎると，庭に小振りな池が目に入る。その正面には，書院ほどの立派さではないが，3間続きの南向きの立派な和室がある。もともとはこの屋敷の当主の居室であったのかもしれない。

南側から屋敷の西側に出ると，その正面に，まるでお寺の本堂のような造りの建物がある。中の広さは，50畳ほどであろうか。

このような広さの単独の部屋は，通例，武家屋敷には必要のないものである。おそらく，この50畳の部屋は，明治になってこの屋敷が学校に用いられることになった後につくられたものであろう。

　敷地の北側に回ると，ここにも50畳ほどの広さをもった部屋があるが，この部屋も同じく明治になって，教場としての使用のためにつくられたものと想像される。この東側に小さな小屋がある。これは，学生たちのトイレであろう。そして，その向こう側に屋敷の裏門がある。この裏門は，北側，東側にある教室にアクセスしやすい場所にある。多くの学生は，ここから出入りしたのではないだろうか。

　江戸時代の武家屋敷は，公務を担う場所である「表」と，屋敷の主たちの居住空間である「奥」とに分かれている。表に出入りするための入口が表門であり，裏門は奥にアクセスするための入口である。蒔田家屋敷は，明治18年まで，三菱商業学校と明治義塾という二つの学校が用いていた。そして，明治18年以降は，英吉利法律学校と東京英語学校が用いることになった。一つの敷地に二つの学校が併置可能な背景には，武家屋敷がそもそももつ二重構造があったのかもしれない。

　この校舎での授業風景について，当時の学生が次のように回想している。

　　その当時の校舎は，旧幕時代の旗本屋敷の遺物であって，障子，唐紙などをもって各教室を区画し，ここで授業を開始したのであるが，何分，天井は低く，室内は暗く，学校としては極めて不適当なものであった。開校そうそう，屋敷内の空き地に小規模の一棟を急設し，もって教室の不足を補ったが，これとても設備

はなはだ不行届きで、極端にいえば、昔時の寺子屋にほうふつたるものがあった。(中略) 英吉利法律学校の設立者および講師はみな、役人か代言人であって、授業は大抵、午後3, 4時頃から始められた。講師の卓上には台ランプを置き、天井にも2・3のランプを吊し、かくて講師は、しかめっつらして英吉利法律の効能を説き、「約因」がドウの、「法鎖」がドウのと、はなはだこむずかしいことを翻訳・講明し、生徒は薄暗い室内でこれを筆記し、無我夢中に教授をうけたものである。(工藤武重「五十年前の回顧」『中央大学学報』〔昭和10年12月〕)

東京で初めて電灯がついたのは、明治11年3月25日のこと。しかし、これは、工部大学校での言わば実験的な点灯にすぎな

写真4-1 | 当時の学生。出所：中央大学大学史編纂課所蔵資料

い。一般家庭への電気の供給が始まるのは、明治20年代になってからで、創立当初の英吉利法律学校には、まだ電気の光は届いていなかった。敷地の西側の教室は、ほぼ真南を向いているので、好天の昼間であれば、外光で十分に明るかったはずである。しかし、英吉利法律学校の授業は、午後から夜にかけて行われており、どうしてもランプに頼らざるを得なかった。

2　第1期生，花井卓蔵

　創立時、英吉利法律学校に、何人の学生が集まったのであろうか。単純な質問であるが、実は、簡単に答えることができない。なぜなら、その後、校舎が大火に見舞われ、資料が焼失したからである。そこで、断片的に残る記録をおっていくことになるが、そうすると、資料により学生の数がまちまちであることに気づかされる。

　ある資料は、創立時の学生数を97名と記している。ところが、創立の直後に行われた開校式で、増島校長は、通学生150人、校外生500名と述べている。さらに、翌年6月の新聞には、つまりまだ次年度の学生が入学する以前の段階で、在校生400名、校外生1000名と記されている。これらの記録を信頼するなら、創立後、学生が飛躍的に増大していることになる。

　2年目には、さらに学生が集まる。新学年が始まる前の7月の段階で、第1科（邦語科）は322人、第2科（原書科）は172人の1年次入学生を迎えている。何と、新たに500名もの新入生を迎えたことになる。英吉利法律学校は、創立するや否や、大変な活況を呈しているのである。

さて，1年目に集まった新入生の中に，立原卓蔵なる17歳の青年がいた。この青年は，在学中，知人の花井いちの養子となり，花井卓蔵と名乗ることになる人物である。英吉利法律学校の卒業後，花井卓蔵は，代言人となり，法曹界で活躍する。また，政界に進出し，流麗な弁舌で一世を風靡することになる。

　明治元年（1868），卓蔵は，広島県三原町（現在の三原市）に生まれた。父の名は，立原四郎右衛門，この地を治める浅野家に仕える下級武士であった。明治8年，当時，つくられたばかりの小学校に入学する。明治11年，上京し，もともと広島藩の儒学者であった山田十竹の漢学塾にて学問に励むも学資が続かず，1年余りで帰郷することになった。ちなみに，彼の師，山田十竹は，このすぐ後に広島に戻り，元藩主の設立した学校の運営に参画することになる。この学校の名は，修道学校という。これは，現在の広島修道大学・修道高校へとつながっていく学校である。

　帰郷した卓蔵は，地元の小学校の教員を務める。また，そのかたわら漢学塾に学ぶ。しかし，上京の意思なお捨てきれず，明治15年10月，再度，出奔して東京に出ることになる。

　東京に出た彼は，まずは山尾庸三子爵の玄関番をしながら，勉学に励むことにした。ところが，その直後，子爵の令嬢の登校を見送りに出た際，令嬢の草履を直すよう命じられた卓蔵は，これを断固として拒否。わずか3日にして，卓蔵は，山尾子爵の家を飛び出すはめになってしまった。その後，彼は神田小川町に下宿し，印刷所で働きつつ夜間学校に通うも，思うような勉学ができないでいた。そういう彼を救ったのは，かつての師，山田十竹であった。

　明治17年7月，山田は，修道学校から，広島浅野家の士族の

子弟たちを連れて上京して来た。これは，旧広島浅野藩主の支援の下，この子弟たちを官立の学校に進学させるためであった。ここに幸いにも卓蔵は合流することができたのである。これにより，これまで名のある教育機関で学ぶことができなかった卓蔵にも運が開けてくる。

卓蔵は，同年，山田のつれてきた修道学校の生徒たちとともに，司法省法学校（この時点では，「東京法学校」と改称している）の入学試験を受ける。この学校の試験は，漢学が中心であり，卓蔵たちのように，洋学を学ぶ機会を得ていない若者にも入学のチャンスはあった。また，この時点では，この学校は学費はなく，さらに生活費も支給されていた。そのため，貧しい士族の子弟にとって願ってもない学校であった。しかし，卓蔵は，この試験に不合格となる。

司法省法学校は，翌年，東京大学と合併する。東京大学に入学するためには，大学予備門に入学しなければならないが，そのためには，英語をはじめとして，当時の中学校卒業程度の学力を備えていることが求められる。しかし，彼はその教育を受ける機会をもつことができていない。また，合併に伴い司法省法学校学生に対する官費の支給もとだえることになった。この状況下で彼が選択したのが，英吉利法律学校への入学であった。

この花井卓蔵は，英吉利法律学校に参集した学生たちの一つの典型をなしている。前述のように，1年目の入学生の名簿はないが，創立以来の卒業生名簿は残っている。創立当初，2年次，3年次への編入生を受け入れていたため，明治19年，20年にも卒業生が出ている。無論，その数は少ない。卒業生の数が飛躍的に増えるのは，明治18年の1年次入学生が卒業し始める明治21年

からである。この中に，先ほど述べた花井卓蔵の名前も見える。この卒業生名簿には，出身県とあわせ身分も記されている。それによると，士族が24名，平民が29名と，卒業生のほぼ半分が士族で占められている。そもそも江戸時代の武士は，全人口の1割にも満たなかったことを踏まえると，士族の割合が多いとも言える。他方，英吉利法律学校の創立者18名のうちの17名が士族であったことを考えると（このことは，明治10年代の東京大学卒業生の大部分が士族であったことを示している），思いの他，平民の割合が多いとも言える。

3　士族の学生たち

　江戸時代，武士は，様々な特権を有していた。武士は支配階層であり，この身分の者のみが政治や行政に携わることができた。国政には大名や旗本が，地方の政治には各藩の武士が参画した。

　このような政治的特権とあわせ，武士には，経済的特権も与えられていた。本来，武士は，自ら生産活動を行わず，戦いに専念することが求められた。そのためには，収入が確保されていなければならない。そこで，武士には，主君より俸禄が与えられ，これでもって自らが生活するとともに，いざ事が生じた時には，俸禄の多寡にあわせた戦闘力を提供することが求められた。この俸禄なるものは，多くの場合，一身専属的なものではなく，世代を越えて受け継がれた。

　主君と家臣との間の，俸禄を媒介にした関係は，戦国時代や江戸時代初期のように，武士が実際に戦に行く可能性が現実に存在した時代には，合理的なものであった。ところが太平の世を迎え

ても、基本的に、この構造に変わりはなかった。武士たちは、代々、主君より俸禄を与えられ、これをもとに生活を成り立たせていた。武士は時に様々な行政職を担うこともあったが、この俸禄はその対価として与えられるものではなく、あくまでも戦いに備えるための対価であった。そのため、お城に行かず、ただブラブラ過ごしていても、まさしくそれこそが戦いの備えであるがゆえに、堂々と俸禄を拝領することができた。

　幕末に入り、状況は一変する。黒船来航以降、日本は、欧米諸国と対峙することになった。彼らの侵略を阻止するとともに、国際社会において彼らと対等な関係を築いていかねばならなくなった。そのためには、自衛のための武力が当然必要となる。日本には、数百年にわたり温存してきた戦闘集団があるから大丈夫なはずであったが、いざ現実をつきつけられると、この武力をもってしては、欧米列強には全く太刀打ちできなかった。日本が数百年にわたり太平の世を謳歌している時、ヨーロッパでは戦争が再三再四にわたり繰り広げられ、戦闘技術は著しい「進歩」をとげていた。人類にとってけっして望ましいことではないこの「進歩」をつきつけられた日本の武士集団は、その存在理由を失ってしまった。

　この状況を受け、明治になると、武士のリストラが始まる。武士の政治的特権は剥奪され、実態の上では、農・工・商の身分と変わりはなくなる。また、経済的特権も取り上げられる。すなわち、先祖代々受け継いできた俸禄の受給は停止されることになる。明治9年、俸禄の6年分（一身専属的な終身禄は4年分）の公債（これを金禄公債という）の発給とひきかえに、武士の俸禄は廃止された。言わば年収の6年分の資産を手切れ金として与えられ、あ

とは自分で生きていけと，見放されてしまったのである。この改革は，ちゃっかり得をした一部の上級武士を除き，多くの武士を窮乏のどん底へとつき落とすことになる。

もともとの俸禄の石高が高い家では，6年分の金禄を受け取り，その利息でもって生計を維持することができた。大名家の場合，金禄公債の額は多額に及んだ。例えば，加賀100万石の前田家の公債額は，約119万円である。そして，これを元手にして前田家が得られる収入は明治31年の段階では約26万円になる。これは，今日の貨幣に換算すると，およそ69億円を超えるという，とんでもない金額になる。かつての大大名の前田家は，明治維新後の改革の結果，日本のトップクラスの資産家となっているのである。これは極端な例ではあるが，大名家の多くは，その後も安定した裕福な生活を保証する額の金禄公債の支給を受けている。

しかし，こうした話は，ごく一部の上層の武家に限られている。多くの武士の一家にとって，俸禄の廃止は，生死に関わる重大事件であった。例えば，石高40石程度の下級武士が俸禄として年100円程度の収入を得て，かろうじて生計を得ていたとしよう。そして，この家が600円の金禄を得たとしよう。金禄には6パーセントの利息がつく。そのため，金禄をそのまま維持していれば，1年に36円の収入となる。もともと100円かかっていた生活の質を，その半分以下にまで落とすことができれば，この利息で何とか生活し続けていくことが可能である。ところが，もともと100円でギリギリの生活を送っていたのであれば，36円では生きていけず，金禄を切り崩さなければならなくなる。1年目に不足分64円を金禄から切り崩せば，翌年，受け取ることができる利息は，536円の6パーセント，すなわち32円となり，前

年より4円も減少する。この調子で切り崩していくと、9年目には金禄は消滅し、翌年の生活は、完全に破綻する。

　ちなみに600円という公債額は、良い方である。平均は450円であったとされている。もともと下級武士の生活は苦しく、切り詰めるにも無理がある。その中で金禄を切り崩せば、生活は10年ともたない。これが明治10年代初頭に、かつて支配層であった武士が直面した現実である。

　しかし、人は生きていかねばならない。そのためには、働かねばならない。武士であっても、最下層のものは、そもそも内職などで現金収入を得る道を知っていた。しかし、こうした経験のない武士にとって、働く場を探すことは、全く経験したことのない困難事であった。さらに、旧体制下で支配階層であった武士にとって、お金を稼げさえすれば何でもよいわけではなかった。そこで彼らが目指したのは、官吏、教員、警察官、軍人といった、武士としての身分意識から見て許容できる仕事であった。その中でも人々の羨望の的であったのが官吏、それも国家の高級官吏であった。これこそ武士に相応しく格好の良い、高収入の仕事であった。

　明治の初期にあっては、高級官吏は、いわゆる藩閥に握られていた。しかし、その後、徐々にではあるが、西洋流の学問を学んだ若者が国家の官吏に採用されていく。それは、まずは、工学系の技術部門に始まり、司法部門へ、そして散発的にではあるが行政部門へと広がっていく。没落しつつある士族の家にとって、一門からこうした経路で国家の官吏を輩出することは、家運の再興をはかる仄かな希望の光であったのである。先に紹介した立原卓蔵という青年も、こうした光を求めた一人であった。

4　平民の学生たち

　目を平民に転じよう。「平民」とは，概括的に言えば，江戸時代に武士身分ではなかったものである。しかし，元武士の家に生まれた者が戸籍上は平民となっていることもある。これまで出てきた名前で言えば，花井卓蔵は，武士の家に生まれたが，平民の花井家の養子に入り，卒業時の身分は平民となっている。また，創立者の一人，穂積陳重は，宇和島藩士の次男であるが，英吉利法律学校設置願の履歴書には，身分は平民と記されている。

　さて，江戸時代にあって，武士に非ざる者が，中央であれ地方であれ，政治や行政に携わることはなかった。また，もともと自らの生計は，自ら維持しなければならなかったため，江戸から明治への時代の変化は，士族ほど劇的なものではなかった。言わば，彼らは，武士の没落をかたわらに見やりつつ，今まで通りの生活を続けていればよかった。むしろ，体制の変化は，彼らにとっては，新たな可能性の創出を意味した。

　表4-1を見てみよう。これは明治32年までの中央の官員の構成を士族・平民別に整理したものである。この表にある「勅任」とは，現在で言えば中央省庁の部長・局長クラス以上の官僚や大臣，「奏任」は国家公務員一種試験に合格したキャリア官僚や裁判官・検察官にあたる。そして，「判任」は，いわゆるノンキャリ組にほぼ相当する。この三つのクラスのいずれを見ても，士族が多数を占めている。しかし，占有率の欄からわかるように，年々，平民の割合が増えていっている。

　なかでも特に変化が著しいのが奏任・準奏任である。明治15年の時点で平民は563人であったが明治32年には4787人となっ

年	官員構成（人）									占有率（％）		（人口1万人あたりの輩出率）	
	勅任・準勅任		奏任・準奏任		判任・準判任		合　計			士族	平民	士族	平民
	士族	平民	士族	平民	士族	平民	士族	平民	全体（華族をふくむ）				
明治 7 (1872)	66	2	2,415	156	9,596	2,029	12,077	2,187	14,315	81.4	15.3	64.1	0.7
13 (1880)	96	4	3,004	313	14,527	4,495	17,627	4,812	22,556	78.1	21.3	95.8	1.4
15 (1882)	127	2	3,688	563	18,216	7,520	22,031	8,085	30,385	72.5	26.6	114.0	2.3
18 (1885)	144	6	4,493	854	18,321	6,052	22,958	6,912	30,108	76.3	23.0	118.4	1.9
21 (1888)	131	14	5,864	1,533	16,344	9,151	22,339	10,692	33,275	67.1	32.1	113.0	2.8
24 (1891)	134	27	6,104	1,936	14,623	6,461	20,861	8,424	29,397	71.0	28.7	103.8	2.2
27 (1894)	146	26	6,130	2,484	17,420	9,023	23,696	11,533	35,322	67.1	32.7	116.2	2.9
28 (1895)	115	33	6,511	3,154	18,760	10,361	25,386	13,540	39,073	65.0	34.7	123.8	3.4
30 (1897)	177	52	7,050	3,778	21,479	13,828	28,706	17,658	46,522	61.7	38.0	137.4	4.3
31 (1898)	227	69	7,318	4,238	21,171	14,750	28,716	19,057	47,932	59.9	39.8	136.4	4.6
32 (1899)	235	73	7,852	4,787	23,187	17,745	31,274	22,605	54,060	57.9	41.8	—	—

注：明治32年は（判任官・準判任官以上）族籍別人口が記載されておらず、輩出率の算出ができなかった。輩出率は『日本帝国統計年鑑』1876年。『日本帝国統計年鑑』各年版より算出、作成。

資料：修史局編集『明治史要附表』（明治7〜32年）族籍別構成（判任官・準判任官以上）『日本帝国統計年鑑』

出所：岡田英弘／濱名篤／廣田照幸『士族の歴史社会学的研究』名古屋大学出版会、1995年、84頁より転載。

表4-1 中央官員（判任官・準判任官以上）族籍別構成（明治7〜32年）

ており，8倍以上に増えている。同じ期間で士族は2倍強程度しか増えていないことや，ノンキャリ組の判任官の平民の増加率は2.5倍程度でしかないことからすると，この増加率は驚異的とも言える（勅任の増加率は，やや特殊な事情があるため比較対象からはずした）。明治20年代に入ると，司法官や行政官などで，官吏任用試験制度が整備されていく。言わば高等教育を受け，試験に合格すれば，平民といえども高級官僚になれる道が整備される。この数字は，その道を通る平民が飛躍的に増大したことを示していると言えよう。そして，この道を初めて歩み始めるのが英吉利法律学校の1期生たちの世代，つまり明治初年世代なのである。

5　明治10年代の教育制度

　ここで視点を転じて，明治初年世代の人々の歩んできた教育環境を見ることにしよう。これを通じて，英吉利法律学校の1期生がなぜこの学校に来たのかが明らかになる。

　早くも明治10年代の終わり頃までには，太平洋戦争以前の教育制度の原型ができ上がりつつあった。そこで，まずは読者の理解に資するため，小学校から大学に至る戦前の教育制度を概観しておく。子供は6歳になると，尋常小学校に入る。これは義務教育であり，すべての子供が通うものとなっていた。義務教育はこれだけである。進学する者は，中学校に行くか，高等小学校に行くかに分かれる。後者を選択した場合，教員養成課程である師範学校など実業系の学校に進学するコースを歩む。中学校を卒業した後の進学先に，海軍兵学校や陸軍仕官学校といった軍学校，そして高等学校や大学予科がある。高等学校の先に帝国大学，大学

予科の先に私立大学があった。子供が帝国大学に入るまでを整理すると，①尋常小学校，②中学校，③高等学校，④帝国大学となる。無論，この②以降は，経済状況や学力により選抜が行われ，帝国大学までたどりつく学生は，全体のわずかな数でしかなかった。

さて話を明治に戻そう。明治10年代の終わりまでには，前述のようにこの教育制度の原型は，ほぼでき上がりつつあった。明治政府は，明治5年（1872）以降，全国に小学校の設置を促進する。また，各地にあった藩校の流れをくむ学校などが徐々に中学校として整備されていく。また，大学予備門が高等学校に相応する学校として整備され，明治20年代に入ると，仙台，京都，金沢，熊本に高等学校が設置されることになる。しかし，明治10年代の段階では，まだ原型が出現したにすぎない。高等学校にあたる大学予備門は東京にしかなく，中学校の整備もまた途上にあり，能力や資力があっても，教育の恩恵に浴することができるわけではなかった。

花井とほぼ同年齢の明治初年世代に属する3名の人物の教育歴を見てみよう。

夏目漱石は，東京の錦華小学校を出た後，東京府第一中学校（現在の日比谷高校）に進学する。しかし，漱石はここを中退し，漢学塾の二松学舎，そして英学塾の成立学舎に学んで大学予備門を受験し，ここに進学し，その後，帝国大学へと進む。正岡子規は，愛媛の末広小学校に学び，愛媛一中，現在の松山東高校に進学する。子規もまた，中学を退学した後，上京し共立学校に学ぶ。その後，大学予備門に合格し，ここで学んだ後，帝国大学に進学する。秋山真之の経歴は，途中までは，子規のものとほぼ同

じである。彼も愛媛一中を中退した後，上京して共立学校に学ぶ。その後，大学予備門に進学するも，途中から海軍兵学校に転じ，軍人の道を歩むことになった。

　子規と真之が通った共立学校は，現在の開成高校の前身である。この学校は，明治24年に尋常中学共立学校へと改組し，中学校としての位置づけを得るが，それ以前は，大学予備門への進学のための予備校的な学校であった。実は，英吉利法律学校と同じ敷地内に併設されている東京英語学校も同様の学校であり，これもまた明治24年に中学校となっている。

　以上の3人の経歴を概観するだけでもよくわかるように，彼らが中等教育を受ける時期，中学校の設置はまだ整ってはいなかった。地方の者にしてみると，東京に唯一存在する帝国大学に進学するためには，東京に出てこざるを得ないが，出てきてはみても，然るべき教育機関である中学校は整備されておらず，私塾的な学校に通って，受験準備をせざるを得ない状況にあった。前述の立原（花井）卓蔵は，小学校を出た後，1度上京するも帰郷を余儀なくされ，再度上京した後も，良い教育の機会を得ていない。卓蔵がスムーズに上級の学校へと進学できなかった背景は，彼の時代，まだ中学校が地方に整備されていなかったことが大きな原因であると言えそうである。

　ここまでは教育制度全般を視野に入れていたが，ここからは，法学領域に限って見ていくことにしよう。

　明治10年代，就職という観点からしても，また教育の充実度からも，また経済的に見ても，おそらく最も魅力的であったのは司法省法学校であろう。ここの卒業生は，そのほとんどが司法省の官員として任用されるし，仮にその選に漏れたとしても代言人

資格は無試験で得られた。また，フランス人お雇い外国人ボアソナードを筆頭にする教員スタッフの充実は，他の追随を許さないものがあった。また，ここの学生は単に学費が免除されるのみならず，生活費もまた支給されるという特権を有した。したがって，この学校に入学しさえすれば，とりあえず将来の不安を考えることなく，勉学に専念することができた。

明治初頭，こうした教育体制は，司法省の他にも，工部省や陸軍，海軍にも，自らの組織のエリート養成のための学校が設置されている。こうした学校では，基本的には，費用を国が負担する形で学生の養成がはかられた。しかし，こうした教育システムは，軍学校を除くと，明治10年代後半までには消滅していく。司法省法学校は，明治17年の学生募集を最後とし，その後は文部省の設置する東京大学と合併する。これとあわせて，官費による学生支援も廃止される。

司法省法学校の次に魅力的であったのは，文部省の所管する学校である東京大学の法学部である。この学校は，明治10年代末に司法省法学校と合併し，明治20年代になり国の政策の下，高級官僚の養成学校としての性質を強めることにより，大きく変質する。しかし，それ以前は，教育スタッフも，卒業後の進路も，経済的支援も，司法省法学校に見劣りする学校でしかない。教育スタッフは，ボアソナードとは比肩しようもない1名の英米系の外国人と，数名の日本人しかおらず，また卒業後，官吏としての登用が保証されていたわけではない。さらに，この前身の大学南校・開成学校時代の貢進生（穂積陳重や鳩山和夫など）を除くと，経済的支援策も充実していたとは言えない。この時期の東京大学法学部の卒業生の特権に，代言人資格の無試験での付与があった。

これを生かした形で，明治10年代には，学士の代言人の活躍が始まる。

6　英吉利法律学校の入学資格と学費

英吉利法律学校の設置広告には，次のように記されている。

年齢18歳以上の男子にして，左の試験に合格した者は入学を許す。

作文，読方，書取

この読方では，「日本外史」（頼山陽，文政9年〔1826〕）などが用いられ，作文は，新聞記事を素材にしたもの，書取は法律書を出典に用いたものであった。

この入学試験科目の一番の特徴は，英語が科目に入っていないこと，そしてまた数学などの欧米由来の学科が入っていないことである。明治政府の進めている中等教育を通過し，一定のレベルに達していることを要求するのではなく，漢学が中心となっているのである。

18歳という年齢資格は，中学校の卒業年齢が考慮されていると考えるのが自然である。無論，夏目漱石にしろ，正岡子規にしろ，中学校を卒業してはおらず，当時の大学予備門も中学卒業を入学資格に入れていない。したがって，中学校の次の段階の教育をすることを予定する英吉利法律学校がこれを入学資格に入れていないことは，特段，怪しむことではない。なお，この数年後の校則では，尋常中学校卒業者の無試験での入学が認められている。

最後に，学費を見てみよう。まず入学金は1円であった。また，授業料は月1円となっていた（後述の校外生は半分の50銭）。

当時の1円はどれくらいなのか。貨幣価値の比較は難しい。数年後になるが，明治25年からこの学校に学んだ学生の小遣い帳が残っている。そこから，いくつかの金額をひろってみよう。

6月分月謝	1円10銭
正則読本代	27銭
ロングマン読本代	15銭
靴代	2円70銭
ハンケチ代	4銭
靴下代	15銭
シャツ代	25銭
パノラマ見物代（ただし浅草のもの）	5銭
博物館見物代	3銭6厘
動物館見物代	2銭
植物園見物代	3銭3厘
凌雲閣見物代	6銭
氷水代	2銭4厘

洋装のための小物（ハンカチ，シャツ，靴下）を新調すると約50銭かかっている。休日に浅草をブラブラして屋台で何かを食べたいなら，10銭ではちょっと心もとない。こうして見てみると，1円という月謝のおおよその価値が見えてくる。

この学生は，明治25年（1892）の5月から7月まで，14円60銭を使用している。そのうち，4円30銭を入学金と月謝に支払い，その他の10円30銭を買物や小遣いにしている。この中には，住居費用や食費は含まれていない。学費にかかったのは，小遣いの額の約半分にすぎない。

月謝1円という額は，帝国大学より低い。同校では，明治19

年当時，月謝は2円50銭であった。つまり，英吉利法律学校の2倍超をとっている。上に紹介した学生であれば，小遣いを切り詰めてこの額を出すことはできようが，苦学生には，この差は途方もなく大きいものであったに違いない。

　以上述べてきたところから，英吉利法律学校に集まった学生たちがどういう人々であったのか，おぼろげながらそのイメージをつかむことができるであろう。端的に言えば，それは司法省法学校や東京大学に行けなかった学生である。ただし，「行けなかった」ということの意味を，正しくおさえておかねばならない。司法省法学校は，明治17年をもって，その正規の課程（正則科）の募集を終えている。したがって，行きたくても行けない状況にある。また，東京大学に行くためには，中学校に通うか，あるいはそれに代わる予備校で学び，受験をして大学予備門に入らなければならない。ここで数年学んだ後，ようやく専門の勉学をすることになる。当時，中学校の整備がまだ進んでいない中，ここに通うことができた学生は限られている。また，それに代わる学校に行くにしても，その年数分の学費，また大学予備門分の学費がかかる。この年数分の費用が用意できなければ，東京大学への進学は断念せざるを得なかったのである。

Column 4. 憲法をつくった政治家──伊藤博文

　明治14年（1881）10月12日，突如，大隈重信は，参議を罷免された。また，彼をとりまく人々も，政府の要職から追放された。これにより薩摩・長州の藩閥が政権を掌握した。これが世に言う明治14年の政変である。この政変を主導し，以後の主導権を握ったのが，参議の伊藤博文であった。

　伊藤は長州の最下級の武士の出身である。若い頃，吉田松陰の松下村塾に学ぶ機会を得た。文久3年（1863），井上馨ら4名とともに密航により渡英する。しかし，英・仏・米・蘭の4国が長州に報復攻撃するとの報に接し，わずか半年で留学を切り上げ，井上と二人で，帰国し，以後，維新の動乱に身を投ずる。倒幕後は，岩倉使節団の一員として欧米各国を回り，帰国後の明治6年より，参議の職にあった。

　伊藤たちは，大隈一派の追放と時を同じくして，天皇にはたらきかけ，10年後に国会を開設することを公約する勅諭を発布させた。以後，伊藤は，憲法をつくり，日本の統治制度の構築に邁進することになる。その第一歩として，彼は，最大実力者の一人でありながら，国家制度や憲法理論について学ぶため，自ら渡欧する。そして，フランスやイギリスの思想家に立脚する自由民権運動家たちの憲法理論に対抗可能な，君主権の強固なドイツ型の憲法理論を学び取った。帰国後，伊藤は，この憲法理論に則した形で，国家制度を整備していく。まずは，華族令を定め，公家や旧大名家，維新の功臣に，公・侯・伯・子・男の爵位を付与し，ヨーロッパを模した貴族制度をつくった。また，明治18年には，太政官制度を廃止し，内閣制度を創設した。さらに，文部大臣に森有礼（後述のColumn 5）を任命し，学校制度を全面的に整備し，東京大学を帝国大学と改め，ここを官僚養成学校と位置づけ，恒常的に持続可能な官僚制度を創設した。そして，こうした動きの集大成として，伊藤の国家構想を実現すべく，井上毅・伊東巳代治らに憲法の起草を命じ，これを明治22年2月11日に発布させた。

　憲法発布の日，天皇・皇后両陛下が閲兵式に臨むべく皇居を出てきた時，沿道の帝国大学生より，天皇陛下「バンザイ」と

第4章　｜　旗本屋敷に学ぶ学生たち

の祝声があがった。そして、この祝声は、またたく間に広がっていった。以前より天皇は、自らの存在を人々に知らしめるべく、地方巡幸を繰り返していたが、その際、人々は、無言で天皇の車列を見送るのみであった。しかし、これでは天皇を中心とする国民の一体感の形成には物足りない。そこで、憲法発布の祝日にあたり、政府が帝国大学生を利用し、一つの演出を行ったのである。「万歳」は、呉音では「マンザイ」、漢音であれば「バンゼイ」となる。しかし、いずれでも今一つしまりに欠けるため、折衷して祝声は「バンザイ」と定められた。以後の日本の歴史の一つの象徴となる祝声は、明治22年のこの時、始まったのである。

第5章
カリキュラム

1　邦語科

　英吉利法律学校の設置にあたっては、その目的として、邦語でイギリス法律学を教授し、その実地応用を習練させることが謳われている。この目的に沿う形で設けられた課程が、まずここで紹介する第1科、邦語法律科である。創立2年目になると、原書のみで、すなわち邦語によらずしてイギリス法教育をする第2科が設置される。この第2科については次に見ることにする。

　開校の直前に出された英吉利法律学校の設置広告の中に、カリキュラムもまた、次のように記されている。

　　第一学年
　　法学通論、契約法、私犯法、親族法、刑法、代理法、組合法、動産委託法、論理学
　　第二学年
　　売買法、財産法、会社法、流通証書法、商船法、治罪法、保険法、国際公法、訴訟法、訴訟演習
　　第三学年
　　財産法、破産法、証拠法、法律抵触論、法理学、法律沿革論、憲法、行政法、訴訟演習、卒業論文

　ここから一見してわかる通り、修業年限は3年となっていた。この当時、東京大学は4年、司法省法学校は8年であった。私学を見ると、明治義塾は2年、専修学校や明治法律学校は3年であった。東大や司法省法学校も、修業年限だけ見ると長いものになっているが、カリキュラムを見てみると、司法省法学校の「本科」、すなわち法律を学ぶ課程は3年であり、また東大も1年生は法学通論とローマ法以外の法律科目はないことからすると、3

年というのは，当時の法学教育の一般的な年限であったと見てよい。

設置広告の科目を見る限り，法律科目が中心であり，さらにイギリス法に焦点をあわせていることが読み取れる。この点をよりはっきりさせるため，明治15年（1882）の東大のカリキュラムを見てみよう。

第一年

法学通論，羅馬法，論理学，史学，和文学，漢文学及作文，英文学及作文，仏蘭西語

第二年

日本古代法律，日本現行法律（刑法），英吉利法律（財産法，私犯法，結約法，商法），仏蘭西語

第三年

日本古代法律，日本現行法律（治罪法，訴訟法，訴訟演習），国法学，英吉利法律（商法，海上法，衡平法），仏蘭西法律（民法）

第四年

日本古代法律（大宝令），日本現行法律（治罪法，訴訟法，訴訟演習），英吉利法律（訴訟法，証拠法，訴訟演習），国際法（公法，私法），法理学，仏蘭西法律（刑法），卒業論文（邦文，漢文もしくは英文）

東大では，初年次に，論理学や史学などの，今日で言うところの一般教養科目が多数含まれているが，英吉利法律学校には，そのうち，論理学があるのみである。また，今で言う基礎法科目については，東大では，ローマ法が1年次に，また日本古代法律が3年にわたって教えられているが，英吉利法律学校には，これらの科目はない（ただし，ローマ法は，1年目の途中から科目に付け加えら

れることになる)。さらに、東大では、フランス法も2年次に民法、3年次に刑法が教えられているが、英吉利法律学校には全く存在しない。なお、フランス民法は、今日の我が国の民法とほぼ同じボリュームを有しており、これを1年間の講義ですべて学ぶことは到底できない。おそらく、東大の授業では、初歩的な概観しかできなかったことであろう。

次に、イギリス法について見てみよう。東大では、第2年次に、財産法、私犯法、結約法、商法、第3年次に、商法、海上法、衡平法、第4年次に、訴訟法、証拠法、訴訟演習が教えられている。ここでいう「商法」には、売買法、代理法、物品委託法、会社法、流通証書法が入るものとされている。こうして見ると、英吉利法についての科目は、東大と英吉利法律学校の両校は、ほぼ一致していると言える。しかし、英吉利法律学校にはあって、東大にはないものもある。それは、親族法、刑法、憲法といった科目である。

こうして見てみると、英吉利法律学校が、まさしくその名の示す通り、イギリス法に特化したカリキュラムを有していたことがわかる。すなわち、これ以外の科目は極力減らし、そしてイギリス法は、東大と同程度、あるいはそれ以上のものを提供することが目指されているのである。

実際に授業が始まると、いくつかの変更が加えられる。図5-1にあげる3年目の明治20年のカリキュラムを見てもらいたい。これは、明治20年の第1学年の校外生講義録第1号末尾に掲載されているものである。これを見ると、創立時のカリキュラム案とは、若干の相違が生じていることに気づかされる。まず、日本刑法という科目が入っている。英国刑法も科目にあるものの、こ

第一科 第一年級																	
前期 自九月 至二月	●親族法	一代理法	一動産委託法	一法学通論	一契約法	一私犯法	一日本刑法	一英語学	●英国刑法	一法学通論	一契約法	一私犯法	一日本刑法	一英語学	●英国刑法	後期 自三月 至七月	一法学通論	一組合法	一日本刑法	一私犯法	一契約法	一英語学	●英国刑法	●論理学
●参考科ノ符	一每週 二時	全	全	全	三每週 時	一每週 時	二每週 時	十每週 二時	全	一每週 二時	全	三每週 時	一每週 時	二每週 時	十每週 二時		一每週 二時	二每週 時	三每週 時	一每週 時	二每週 時	十每週 二時	一每週 時	一每週 二時
	法学士	米国法律士	法学士	法学士	法学士	法学士	法学士	法学士	法学	法学士	法学士	法学士	法学士	法学士	法学		法学士	法学士	法学士	法学士	法学士	法学士	法学	法学士
	高橋捨六	菊池武夫	元田肇	江木衷	山田喜之助	奥田義人	岡山兼吉	江木衷	渋谷慥爾	江木衷	山田喜之助	奥田義人	岡山兼吉	江木衷	渋谷慥爾		江木衷	山田喜之助	奥田義人	岡山兼吉	松野貞一郎	渋谷慥爾	英国刑法	高橋健三

図 5-1 | 明治20年のカリキュラム

ちらは参考科目という位置づけ，すなわち課外授業的な位置づけにすぎない。この当時，刑法と刑事訴訟法（治罪法）は，すでに法典がつくられていた。その結果，英国刑法は，言わば押し出されてしまっている。この他，ローマ法が3年次に配当されたり，いくつかの参考科目が追加されているが，基本的には，大した変化はない。

たかだか3年の間であるから，変更がないのは特段不思議なことではないと思う人もいるかもしれない。しかし，実はこの間，私立の法学校の置かれた環境に大きな変化が生じている。

明治19年，文部省は，「私立法律学校特別監督条規」を定めている。これは，東京にある私立の法律学校を帝国大学総長の管理下に置くことを目的とするものである。これにより，創立間もない英吉利法律学校，明治法律学校，東京専門学校（早稲田大学の前身）などが管理下に置かれた。この管理は学校の運営についてのものではない。むしろ，教育内容そのものをコントロールするものであった。この条規は，フランス法，ドイツ法，イギリス法のそ

れぞれについて，具体的に教えるべきカリキュラムを定めている。そのイギリス法については，次のように規定している。

英吉利法律科

第一年

法学通論，契約法，私犯法，代理法，刑法

第二年

親族法，組合・会社法，動産委託法，売買法，財産法，治罪法

第三年

財産法・破産法，証拠法，保険法，訴訟法，流通証書，商船法，擬律擬判

ここに示されるカリキュラムは，配当年次こそ若干違う点があるものの，科目名自体は，英吉利法律学校の教授内容と一致する。このことは，英吉利法律学校のカリキュラムが，イギリス法を教えるものとしては，当時にあってオーソドックスなものであったことを示していると言えよう。

ちなみに，この監督条規に基づき，英吉利法律学校の監督にあたったのは，穂積陳重である。無論，彼は同校の創立者でもあり，当初より影響力をもつ一人であったことを考えると，国による教育の統制とはいえ，英吉利法律学校にしては，さほど痛痒を感じるようなものではなかったと想像される。この条規により，他校では，カリキュラムが変更されているが，英吉利法律学校では，その必要性はなかったのである。

2　原書科

次に，第2科について見ていこう。この課程は，イギリス法を

英語で学ぶコースである。

　この第2科は，当時の校長，増島六一郎の主導の下で設立された。増島は，英吉利法律学校の創立式典の際，次のように述べている。

　　思うに，どの国，どの民の事情を探るのであれ，まずは，その国，その民の言葉を理解するのでなければ，けっして探究は密なものにはなりません。……英語でイギリス法を教授する日がくることを私は渇望しております。

　この言葉の通り，早くも創立2年目に，増島は，原書をもってイギリス法を講義する第2科を設置したのである。

　東京大学での講義は，当初，原書を用い，またいくつかの講義は，外国人の教師によって行われていた。学生が講義を理解するためには，相当の英語力を有していることが求められた。まだ，中等，高等教育が完備されていない当時にあって，この英語力を身につけることができた人々は少ない。またこうした人々でも，専門を学ぶに十分な語学力を身につけることができたわけではなかった。そこで，専修学校をはじめとする私立の法律学校は，邦語での講義を，翻訳語も定まらぬ中，ともかく始めたのである。この趨勢の中，増島は，あえて英語を用いた原書での講義を始めたのである。

　無論，邦語科も原書を用いていないわけではない。この当時の法学の水準にあっては，日本人教員が自らの学説を展開できたわけではない。邦語科も，英語で書かれたイギリス法の著作をベースとして講義が進められる。しかし，その際には，担当教員が原書を翻訳し日本語にした上で，学生に内容が教示されている。これに対し，原書科では，学生が直接原書と取り組むことが期待さ

れたのである。

　それでは，明治20年（1887）の第2科のカリキュラムを見ていこう。この時点では，第1年と第2年にしか存在しないので，3年次は示していない。なお，〈　〉内は参考科目である。

　　第一学年
　　法律原論，契約法，私犯法，親族法，代理法，組合法，動産委託法，日本刑法，〈英国刑法〉，〈論理学〉
　　第二学年
　　売買法，動産法，証拠法，会社法，流通証書法，商船法，治罪法，擬律擬判，判決例，契約法，私犯法，代理法，日本刑法，〈米国法律〉

邦語科では2年次配当の動産法が原書科では1年次，3年次配当の証拠法が2年次になっていたり，1年次に履修した契約法，私犯法，代理法が2年次でも引き続き教えられているといった違いはあるものの，総じて，この両者のカリキュラムは同じと言ってよい。明治21年の第3年次の科目を見ると，破産法，保険法，衡平法，訴訟法，法理学，法理原論，法律沿革論，国際公法，国際私法という科目がならび，ここもまた，第1科のものとほとんど同一である。

　以上のように，教える内容は同一であるが，前述のように，教え方が第1科とは大きく異なる。第2科の学生は，先生の力を借りずに，自力で原書を読み解かねばならない。

　しかし，いったい学生はいかにして原書を入手したのであろうか。無論，学生一人ひとりが原書を購入することができるはずはない。しかし，江戸時代の蘭学塾のように1冊の原書を交代で見て筆記するという方法をとることもできない。そのような方法で

は，何十人もの学生が一緒に学ぶことは不可能である。

　そこで，英吉利法律学校では，二つの手立てを講じている。まず，学校が相当数の原書を入手し，これを学生が借りることができるようにした。つまり，図書館の創設である。当時，法律書を収集している図書館は，東京大学の他はなかった。これにより，原書を購入できない学生でも，原書の閲覧が可能になった。そして，第2科の学生には，特別に規則を設け，原書を自宅にもち帰ること，つまり貸出を認めた。学生が原書を家で転写することを想定しているものと想像される。

　しかし，この措置だけでは十分ではない。なぜなら，学生は1年間に10科目以上学ばなければならない。そのすべてを到底，写し取れるわけではない。また，仮に根性を出して写し取ったとしても，それだけで時間がすぎたのでは，良い勉強にはならない。そこで，学校は，原書の翻刻を始める。すなわち，原書そのものを印刷するということである。毎月3回，複数の原書の翻刻を一種の連載のように合冊して印刷した小冊子を発行した。1年目には，ブラクストンの『英法注釈』他9冊の翻刻出版が行われている。

3　時間割

　英吉利法律学校の二つの学科が出揃った2年目の時間割を見てみよう（図5-2）。

　授業の開始は12時からとなっている。第1時限は，専ら語学の学習にあてられている。専門の講義は，一コマ2時間があてられ，2時半，4時半，7時にそれぞれ開始される。

　法律系の教師たちは，そのほとんどが官吏や代言人であり，本

図5-2-1 | 明治19年度，第1科第1年級課程の時間割

英吉利法律学校第一科第一年級課程時間割表　明治　年　月　日定

日\時	自十二時二十分至一時（午前）（抹消加筆零時）	自三時半至四時半（加筆午後）	自四時半至六時半	自七時至九時
月曜日	菅沼　素読	士方　契約法　三時半ヨリ	元田君　委托法　六時ヨリ	
火曜日	埴原　習字	奥田　私犯法		
水曜日	埴原　綴字	山田　親族法		
木曜日	菅沼　素読			
金曜日				江木　日本刑法
土曜日	埴原　訳読	山田　法学通論		岡山　日本刑法
日曜日				

図5-2-2 | 明治19年度，第1科第2年級課程の時間割

英吉利法律学校第一科第二年級課程時間割表　明治　年　月　日定

日\時	自十二時二十分至一時（午前）（抹消加筆零時）	自二時至四時半（加筆午後）	自四時半至六時半	自七時至九時
月曜日	埴原　書取	植村君　会社法	岡村　証拠法	菊池　民事擬律　七時半ヨリ
火曜日	菅沼　作文	畠山　刑事擬律　二時ヨリ	高橋健三　商船法　五時半ヨリ	
水曜日	菅沼　素読			
木曜日	埴原　訳読			
金曜日		高橋捨六　売買法　三時半ヨリ	伊藤　不動産法　六時ヨリ	土方　流通証書法
土曜日		山田　動産法	松野　治罪法　五時ヨリ	
日曜日				

時/日	月曜日	火曜日	水曜日	木曜日	金曜日	土曜日	日曜日
（抹消）（加筆）午前 零時三十分至十一時二分	吉田 代議政体	吉田 ミルトン					
（加筆）午後 自二時至三時三十分	畠山 刑事擬律擬判 二時ヨリ			山田 国際私法			
自四時半至六時半							
自七時至九時	菊池 民事擬律擬判 七時半ヨリ		水戸 衡平法		中橋 破産法		

英吉利法律学校第一科第三年級課程時間割表　明治　年　月　日　定

図5-2-3 ｜ 明治19年度，第1科第3年級課程の時間割

来の仕事のかたわら無償で授業を担当している。神田錦町という，官庁街から歩いて20分程度の立地とはいえ，午後のこの時間でなければ授業を開講できなかったのも当然のことである。

　当時の講義は，基本的には，先生の言葉を丹念に書き取っていくというタイプのものである。学生は，講義を受講後，これを清書するのであるが，2時間半分の清書を週に4回，週に2回は5時間分を清書するとなると，かなりの労力を有する。邦語科の1年生は，大体，1日に一つの講義であるからよいようなものの，2年次となると，週に4日，2科目を受講しなければならない。

　ところで，創立2年目は，まだ旗本屋敷での講義が行われている。この時点で，邦語科の学生は1学年300名以上を抱えている。しかし，校舎の最も広い教室ですら，たかだか50畳ほどで

第5章　｜　カリキュラム

しかない。畳1枚に6名が座ることは不可能ではないが，それでは授業にはならない。登録はしているものの自主休講の学生は，相当数いたものと想像される。

4　校外生

　ここまで述べてきた二つの課程は，ともに，学校に通学し，授業に参加することを想定したコースである。英吉利法律学校では，この他に，創立時より，校外生制度なるものを設けている。

　この校外生制度とは，一口で言えば，通信教育である。学校は学生に教材を送り，学生はこれを使って独学で勉強し試験に臨む。今日では珍しくない形態である。しかし，英吉利法律学校がこれを始めたのが明治18年（1885）であることを思い出してもらいたい。この通信教育を実施するためには，当時の最新の制度と，また最新の技術が組み合わされている。

　その一つは，郵便制度である。江戸時代にも人々が用いていた通信手段として飛脚が存在していた。しかし，一人の飛脚は，言わばオーダーメイドの形で，一つの荷物を運ぶために雇われる。言わば今日のバイク便のようなものであるこの方法では，大量の荷物を低コストで輸送することはできない。さほど通信量の多くなかった江戸時代はこれでよかったのかもしれない。しかし，明治になり中央集権化が進むと，通信量が飛躍的に増え，新制度が必要になった。そこで，明治5年，まずは東京・大阪間で試行的に郵便制度が開始される。そして，翌年にはこれが全国へ拡大する。郵便制度の効率的な管理・運営のため，逓信省が設置されたのは，まさしく明治18年のことである。

もう一つは，活版印刷技術である。バラバラの鉄製の活字を組み合わせて印刷を行うこの技術は，15世紀にグーテンベルクが実用化したと言われている。その後，ヨーロッパの印刷技術は発達を続け，一度に数千部もの印刷をすることが可能になった。一方，日本でも，江戸時代に印刷が行われていないわけではない。木版による印刷は書籍や浮世絵などで活用されている。しかし，ここでは活字が用いられているのではなく，1枚の版木にすべての文字が彫り込まれる。そのため，印刷を開始するまで長い時間を要するし，木製であるので版木の傷みも早い。その結果，大量の部数を短時間で印刷することはできなかった。日本にヨーロッパの印刷技術がもたらされたのも，明治になってからである。日本で最初の西洋伝来の技術を用いた印刷所が設立されたのが明治3年のことである。

　英吉利法律学校ができた明治18年は，このような郵便制度や印刷技術が日本で確立してまださほど時間がすぎていない時期のことである。無論，この校外生制度は，この学校で初めて行われたというわけではない。それ以前にも専修学校や明治義塾で実施されている。しかし，この制度を組織的に，そして大々的に，かつ継続的に実施したのは英吉利法律学校が初めてである。

　校外生には，毎週，講義録が郵送された。この講義録は，一部が50頁から90頁ほどであり，なかには英吉利法律学校の実際の講義の筆記録が連載されている。一例として，明治20年の1年生向けの講義録の第1号から第9号の目次を見てみよう。

　第1号　明治20年9月13日
　　○英国組合法（法学士松野貞一郎講義　校友山本勝助編輯）
　　○私犯法（法学士奥田義人講義　校友三浦大之助編輯）

○親族法（法学士高橋捨六講義　校友三浦大之助編輯）
　　○合衆国領事裁判訴訟法（米国法律学士シドモール講義　法学士渋谷慥爾訳述　校友三浦大之助編輯）
　第2号　明治20年9月20日
　　○日本刑法（法学士江木衷講義　校友三浦大之助編輯）
　　○組合法（法学士松野貞一郎講義　校友山本勝助編輯）
　　○訴訟法（ばりすとる・法学士増島六一郎講義　校友山本勝助編輯）
　　○英国刑法（法学士渋谷慥爾訳述　校友山本勝助編輯）
　　○合衆国領事裁判訴訟法（米国法律学士シドモール講義　法学士渋谷慥爾訳述　校友三浦大之助編輯）
　第3号　明治20年9月27日
　　○組合法（法学士松野貞一郎講義　校友山本勝助編輯）
　　○日本刑法（法学士江木衷講義　校友三浦大之助編輯）
　　○訴訟法（ばりすとる・法学士増島六一郎講義　校友山本勝助編輯）
　　○合衆国領事裁判訴訟法（米国法律学士シドモール講義　法学士渋谷慥爾講述　校友三浦大之助編輯）
　第4号　明治20年9月30日
　　○日本刑法（法学士江木衷講義　校友三浦大之助編輯）
　　○英国刑法（法学士渋谷慥爾講義　校友山本勝助編輯）
　　○訴訟法（ばりすとる・法学士増島六一郎講義　校友山本勝助編輯）
　　○合衆国領事裁判訴訟法（米国法律学士シドモール講義　法学士渋谷慥爾訳述　校友三浦大之助編輯）
　　○親族法（法学士高橋捨六講義　校友三浦大之助編輯）
　第5号　明治20年10月4日
　　○契約法（法学士山田喜之助講義　校友山本勝助編輯）
　　○動産委託法（法学士元田肇講義　校友三浦大之助編輯）

○私犯法（法学士奥田義人講義　校友三浦大之助編輯）

○親族法（法学士高橋捨六講義　校友三浦大之助編輯）

○合衆国領事裁判訴訟法（米国法律学士シドモール講義　法学士渋谷慥爾訳述　校友三浦大之助編輯）

第6号　明治20年10月11日

○私犯法（法学士奥田義人講義　校友三浦大之助編輯）

○訴訟法（ばりすとる・法学士増島六一郎講義　校友山本勝助編輯）

○法学通論（法学士江木衷講義　校友山本勝助編輯）

○契約法（法学士山田喜之助講義　校友山本勝助編輯）

第7号　明治20年10月18日

○判決例（私犯法）（法学士藤田隆三郎講義　校友畔上啓策編輯）

○訴訟法（ばりすとる・法学士増島六一郎講義　校友山本勝助編輯）

○判決例（契約法）（法学士松野貞一郎講義　校友山口正毅編輯）

○契約法（法学士山田喜之助講義　校友山本勝助編輯）

第8号　明治20年10月25日

○動産委託法（法学士元田肇講義　校友三浦大之助編輯）

○日本刑法（法学士岡山兼吉講義　校友三浦大之助編輯）

○英国刑法（法学士渋谷慥爾講義　校友山本勝助編輯）

○訴訟法（ばりすとる・法学士増島六一郎講義　校友山本勝助編輯）

○判決例（法学士戸水寛人講義　校友田中恒馬編輯）

○質問

第9号　明治20年11月1日

○訴訟法（バリストル・法学士増島六一郎講義　校友山本勝助編輯）

○法学通論（法学士江木衷講義　校友山本勝助編輯）

○行政法（法学士江木衷講義　（ママ）校友田中恒馬編輯）

○親族法（法学士高橋捨六講義　校友三浦大之助編輯）

第1号では，英国組合法，私犯法，親族法，合衆国領事裁判訴訟法が掲載されている。英国組合法は，2号，3号と連載されている。私犯法は，5号，6号に続く。このように，一つの講義が何回かに分けて掲載されるという仕組みになっている。そして，後から，学生は，この各号をばらし，講義ごとに整理することが期待されているのである。

　そのために，各頁には，二つの頁番号がふってある。すなわち，見開きの内側に小さな活字で1箇所，外側にやや大きな活字でもう1箇所頁が付してある。

　まずは，1号の21頁（図5-3）を見てみよう。この右側に小さな活字で「二一」とあるが，これは1号の通しの頁番号である。左側にやや大きな活字で「一」とあるが，これは私犯法の頁である。1号では，私犯法の講義は全部で10頁分掲載されている。その10頁目が1号30頁である（図5-4）。そして，これに続くのが5号41頁（図5-5）である。この頁を見ると，左側にやや大きな活字で「十一」とある。これは，1号30頁（図5-4）に続く頁ということである。

　しかし，いくら真面目に講義録と向き合っても，一人でこれを読むだけでは，十分な勉強にはならない。そこで，英吉利法律学校では，校外生の質問を受けつけている。質問に関する次のような規則が定められている。

　　○本校の校外生は，講義録に登載している諸課目に限り，疑問があるときは，通信をもってこれを質問することができる。ただし，擬律・擬判の問は，一切，答案を付さないものとする。
　　○質問信書には，講義録の号数（合本にしたため号数がわからなくなったときはこの限りではない）課目，丁数を示し，疑問の要点

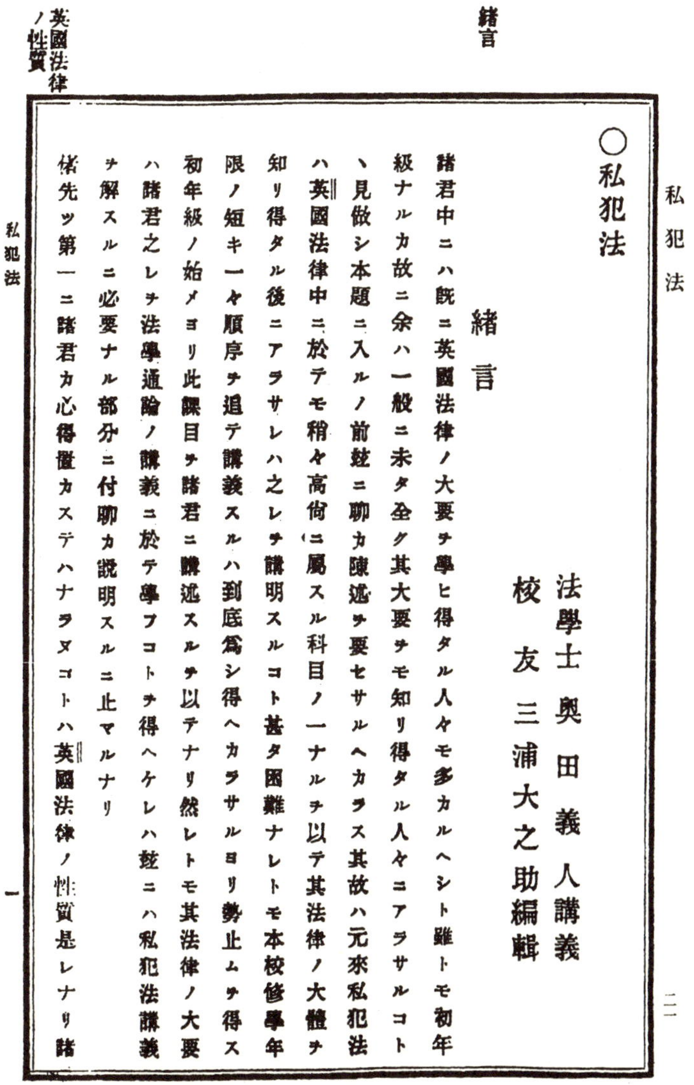
緒言

英國法律ノ性質

私犯法

○私犯法

法學士 奥田義人講義
校友 三浦大之助編輯

緒言

諸君中ニハ既ニ英國法律ノ大要ヲ學ヒ得タル人々モ多カルヘシト雖トモ初年級ナルカ故ニ余ハ一般ニ未タ全ク其大要ヲモ知リ得タル人々ニアラサルコトヽ見做シ本題ニ入ルノ前玆ニ聊カ陳述ヲ要セサルヘカラス其故ハ元來私犯法ハ英國法律中ニ於テモ稍々高尚ニ屬スル科目ノ一ナルヲ以テ其法律ノ大體ヲ知リ得タル後ニアラサレハ之レヲ講明スルコト甚タ困難ナレトモ本校修學年限ノ短キ一々順序ヲ追テ講義スルハ到底爲シ得ヘカラサルヨリ勢止ムヲ得ス初年級ノ始メヨリ此課目ヲ諸君ニ講述スルヲ以テナリ然レトモ其法律ノ大要ハ諸君之レヲ法學通論ノ講義ニ於テ學フコトヲ得ヘケレハ玆ニハ私犯法講義ヲ解スルニ必要ナル部分ニ付聊カ説明スルニ止マルナリ

偖先ツ第一ニ諸君カ心得置カステハナラヌコトハ英國法律ノ性質是レナリ諸

私犯法　一

二一

図5-3｜英吉利法律学校『第壹年級英吉利法律講義録』第1号，明治20年，21頁。

權利ノ解

右ニテ私犯法ノ落付所モ畧々明了トナリタルコトナルカ續テ知ルヲ要スヘキハ權利ノコトヽナス抑モ權利トハ法律ノ保護ニ依リ國民ノ享有セル威力ニシテ他人ノ行爲ヲ箝制スルモノヲ云フコトナリ此權利ヲ大体ニ分チ對世權及ヒ對人權トナスナリ對世權トハ世間一般ニ對スルノ權利ニシテ則チ財產權トカ名譽權トカ云ヘルカ如キ世間誰人ト雖之ヲ犯スヘカラサル義務ヲ負ヘルカ故ニ此名稱アリ對人權トハ或ル格段ナル人ニ對スル權利ニシテ償主權ノ如キモノヲ云フカ故ニ私犯法ヲ學フニ此區別ヲ知ルコト必要ナリヤト云ヘハ對世權ヲ犯スノ行爲ハ私犯法ヲ以テ論シ對人權ヲ犯スノ行爲ハ契約法ヲ以テ論スルカ故ナリトス尙ホ詳カナルハ本題ニ入テ說ク所アルヘシト雖モ茲ニ所謂對世權對人權ノ區別ハ私法中ニ就テ云フコトニシテ公法ニハ關係ナキナリ然ラハ則チ人ハ私法中ニ於テ如何ナル種類ノ對世權ヲ有スルモノナルヤ今其重ナルモノヲ示セハ

一 名譽ヲ毀傷セラレサルノ權
二 財產ヲ毀傷セラレサルノ權

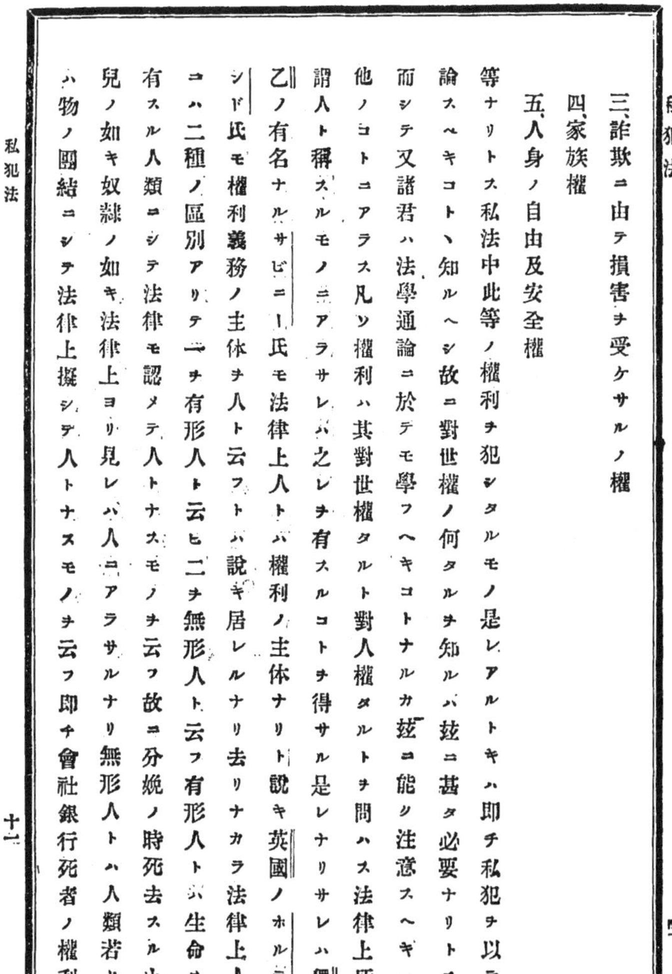

私犯法

三、詐欺ニ由テ損害ヲ受ケサルノ權
四、家族權
五、人身ノ自由及安全權

等ナリトス私法中此等ノ權利ヲ犯シタルモノ是レアルトキハ即チ私犯ヲ以テ論スヘキコトヽ知ルヘシ故ニ對世權ノ何タルヲ知ルハ茲ニ甚タ必要ナリトス而シテ又諸君ハ法學通論ニ於テモ學フヘキコトナルカ茲ニ能ク注意スヘキハ他ノコトニアラス凡ソ權利ハ其對世權タルト對人權タルトヲ問ハス法律上所謂人ト稱スルモノニアラサレハ之レヲ有スルコトヲ得サルヲ是レナリサレハ英國ノホルラ乙ド氏モ法律上人トハ權利ノ主體ナリト説キ居レルナリ去リナカラ法律上人ト有名ナルサビニー氏モ法律上人トハ云フトハ説キ無形人ト有形人ト云ヒニ者有形人ト云ハ生命ヲニハニ種ノ區別アリテ一チ有形人ト云ヒ二チ無形人ト云フ故ニ分娩ノ時死去スル小兒ノ如キ人類ニシテ法律モ認メテ人トナスモノニアラサルナリ無形人トハ人類若クハ物ノ團結ニシテ法律上擬シテ人トナスモノヲ云フ即チ會社銀行死者ノ權利有スル人類ニシテ法律モ認メテ人トナスモノニアラサルナリ無形人ト

十二

図5-5 | 英吉利法律学校『第壹年級英吉利法律講義録』第5号，明治20年，41頁。

を明瞭に記載すること。

○質問および答案は，時々，講義録の紙尾に登載するものとする。

学生は，このように手紙で質問をし，その答え（答案）が講義録に掲載されるという仕組みになっている。その具体例を見てみよう。当時の学生の息吹が感じられるような気がする。

質問1

講義録第3号25頁に，「組合ノ一人ハ捺印証書ヲ作為スルコトヲ得ズ」とある。これの意味するところは，組合の一人は，自己の捺印証書を作ることができないということか。それとも，組合の名義をもって捺印証書を作ることができないということか。この点がよくわからない。なぜなら，自己の証書をつくることができないとすると不便である。もし組合名義の証書とするならば，各組合員は流通証書または金員借り入れの権力があるのではないのか。よって，これの意味するところが何を想定しているのか御指示をいただきたい。

答案

この記載は，組合員たるものは，すべて組合の名義をもって捺印証書を作ることができないということを意味しているのであって，一身上のことについて，自分のために捺印証書をつくることは，自由であって，けっして組合員たるのゆえに，この自由が拘束をうけるということではない。

質問2

組合は単に数人の契約によって成立するとの語句が講義録の中にたくさんある。そうであれば，組合なるものは，イギリスでは，御上による許可はいらないのか。

答案

　　そのとおりです。

　この校外生制度は，社会のニーズによほど適合したものであったのであろう。学生数は，当初は822名であったが，その後増加し，翌年には1870名に，その翌年には3123名になる。

　また，講義録印刷の本来の目的ではないが，通学生もまたこれを入手することが認められた。これにより，授業の内容を再度，正確に確認する機会を学生は得たのである。そして，英吉利法律学校がこの講義録を残していたからこそ，今日のわれわれは，明治の法学教育の当初の段階の講義に接することができるのである。

5　初年度1年次向け授業

　創立当初，英吉利法律学校には，裁判官や弁護士などの法律家の養成が期待されていた。社会が必要とする法律家を官立の学校では到底，養成することができないという状況を踏まえ，創立者たちは，この社会のニーズにこたえようとしている。

　確かに，英吉利法律学校のカリキュラムの中心にあるのはイギリス法である。しかし，今日の法学部での外国法とは位置づけが異なる。今日は，言わば自国との比較の対象として学び，それを通じて日本法をよりよく理解する助けとする点に力点がある。しかし，当時はまだ日本の法制度がわずかばかりしかでき上がっていない。したがって，創立者たちは，英米法を外国法としてではなく，今後，日本の実定法となるべきものとして教えている。そうであればこそ，刑法のように法典がすでに整備されたものにつ

いては，日本法をメインとし，英国刑法は参考科目にとどめられている。

しかし，社会の要請にこたえて法律家を養成することがすべてというわけではない。これと並存する形で，イギリス法の良さを実直に教えようとする姿勢も存在する。原書そのものに触れさせる第2科は，まさしくこの姿勢があればこそ生み出されたものである。イギリス法こそが模範とすべきものであるという価値判断がここには見受けられる。

この二つとならぶ形で，創立者たちの目標には，法知識を広く普及させるというものもあった。法というものは，一部のエリートのためのものではなく，すべての人々に共有されるべきものである。いかに立派な法典をつくったとて，人々がこれを尊重し，そして実効性あるものにしようと努めなければ，言わば法典は絵に描いた餅にすぎない。そのために，できる限り多くの人に法を学ぶ機会を提供しようとしたのである。校外生制度を設け，法知識の普及という大変な労苦の伴う地道な仕事を展開した背景には，彼らのこのような理想があったのであろう。

それでは，少しだけ進んだ時間を創立当初に戻そう。花井卓蔵をはじめ，英吉利法律学校1期生の受けた授業を見ていくことにしよう。科目担当者は，次の通りである。

法学通論	菊池武夫
契約法	土方寧
私犯法（不法行為法）	奥田義人
親族法	山田喜之助
日本刑法	岡山兼吉
代理法	渋谷慥爾

組合法	渋谷慥爾
動産委託法（信託法？）	元田肇
英国刑法	馬場愿治
羅馬法	渋谷慥爾
判決例	渋谷慥爾
論理学	井上円了

　菊池，土方，奥田，山田，岡山，元田，渋谷は，英吉利法律学校創立者として名を連ねている。渋谷は，この時点で，大学運営の事務一切を取り仕切る幹事の職にあり，さらに多数の授業を担当するなど，八面六臂の活躍をしている。後に東洋大学を創立する井上円了は，この時点では，東京大学文学部を卒業したばかりの若き学究である。

　以下，本書では，これらの講義のうち，菊池の法学通論と，土方の契約法を詳しく見ていく。前述のように校外生のために講義録が作成され，それが残っているため，われわれはこれらの授業を追体験することができる。以下の2章は，本書の読者の多くにとっては読みにくいものであろう。しかし，これは当時にあっては法律学を学び始めたばかりの学生，すなわち初学者に向けての授業であった。これを読んで感じる難解さは，そのまま当時の学生の直面した実感でもある。

Column 5. 教育制度の改革者—森有礼

　英吉利法律学校創立時、日本の教育制度は、改革期を迎えていた。この改革を総理大臣伊藤博文の下で進めていたのが森有礼である。

　森は弘化4年（1847）、薩摩藩の武士の家に生まれた。西郷隆盛や大久保利通より20歳ほど若い。明治維新直前の慶應元年（1865）、18歳の森は、薩摩藩により、イギリスに派遣される。この時、弱体化したとはいえまだ幕府は健在であり、彼の渡欧は、その許可を得ない国禁を侵してのものであった。この経歴は伊藤のものとよく似ている。

　明治維新後に帰国した森は、日本で二人目の外交官に任じられ、アメリカ、そしてイギリスに赴任する。ここで、憲法調査のため渡欧して来た伊藤と接触をもち、伊藤の信頼を得る。そして、明治18年（1885）、内閣制度発足と同時に、伊藤博文の下、森は文部大臣に就任した。

　文部大臣となった森は、日本の教育制度を大きく変革させる。森は、教育制度を大きく3段階、すなわち小学校、中学校、そして大学に分ける。

　そして、これを、言わば、社会の上流クラスのための教育、中流クラスのための教育、下流クラスのための教育として位置づける。すなわち、下流クラスの階層の者は小学校のみ、中流の者は中学校まで、そして上流の者が大学まで行くものと構想した。このあたりは、森が留学したイギリスの階級制度の影響であろうか。

　また、彼は高等教育への国家の統制を強める。帝国大学は、「国家の須要に応ずる」者を養成する場と位置づけられる。そのために、工部省や司法省が設置する学校を東京大学と合併させ、これを「帝国大学」と改称する。また、帝国大学の学費を高額なものとし、実質的に富裕層（この時点では、旧大名家や大規模地主層）の子弟が入るべきものとした。そのため、学費は大幅に値上げされ、工部省や司法省の学校の学生に対する官費の支給は停止された。そして、この学校の卒業生を国家の中枢となる人材とすべく、文官登用の制度があわせて整備されてい

くことになる。

　森は，私学の自由な発展を見守るのではなく，私学への国家の規制も強化する。彼は，私立法律学校特別監督条規，特別認可学校規則などを定め，国家の統制を受け入れた私学に，一定の特権を与える方法をとった。帝国大学をもって国家の枢要な人材養成の場と位置づけた彼であるが，これのみでは必要な人材を供給できるわけではない。そこで，私学に特権を与えることにより，私学の力を借りることを目指したのである。ただ，私学に費用を政府が拠出するのではなく，特権を付与し，私学の学生募集を容易にさせ，その学費でもって学校を運営できるようにするというやり方である。そのため，実質的に，特権の恩恵に浴することのできる学生は，私学の中のごく一部でしかなかった。

　大日本帝国憲法発布の明治22年2月11日，文部大臣森有礼は，刺客西野文太郎に襲われ，翌日死亡する。

第6章

菊池武夫の「法学通論」講義

1　はじめに

　菊池武夫は，明治24年（1891）から明治45年までの22年にわたり，東京法学院院長，東京法学院大学学長，中央大学学長として，中央のトップにあった人物である。この22年という在任期間は，中央大学125年の歴史において最も長期にわたるものであり，おそらく今後この記録が塗り替えられることもないだろう。このように菊池といえば，東京法学院時代以降の堅実な経営者として今日では知られているが，創立者の一人として教壇にも立っていた。英吉利法律学校開校時には，菊池は司法省に勤務しながら，東京大学の講師も兼務していたが，昼間は役所と東京大学に勤め，夕方，英吉利法律学校で講義していたのである。

　当時の英吉利法律学校の講師は，ほとんど全員が無給で講義を行っていた。経営が軌道に乗ると講師料も支払われたが，菊池は大学から報酬のようなものは生涯受け取らなかったようである。菊池の教え子に佐藤正之がいる。佐藤は花井卓蔵と同期で，卒業後に母校の職員となり，時に私財をなげうって大学の財政難を救った功労者であるが，彼の回想によると，明治39年，ある会議の席上，中央大学の講師たちが講師料の増額を菊池に迫ったところ，菊池は次のように答えたと伝えられている。

　　私の如きは英吉利法律学校設立当時より，常に或は経営に或は教授に参加して居りますが，その間，報酬を得たことはありません。ただ母の死去の際に学校からその霊前に一対の花を供えてもらっただけであります。これが今日まで学校から受けた唯一の物なのであります。

　菊池のこの言葉を聞いた講師たちは，みな感じ入って要求を取

り下げたという。やはり，清廉な人物像が浮かび上がる。しかし，菊池は，英吉利法律学校開校の年である明治18年に，初めて法律学に接する生徒たちに法学通論を講義しており，その内容は英吉利法律学校の教育を知る上で重要である。この講義録は，佐藤によれば「明治26年に母校図書館の復興に際し，懇望されて寄付し，大正6年焼失した」とされ，幻の講義録であったが，山崎利男東京大学名誉教授の調査によって，早稲田大学図書館に現存することが明らかとなった。

　本章では，この法学通論の講義録を取り上げ，菊池の英吉利法律学校時代の講義に光を当ててみることにする。

2　菊池武夫の略歴

　菊池武夫は，嘉永7年（1854），盛岡藩の中級藩士である父・長閑と母・茂の長男として出生した。同じ盛岡藩出身の東條英教（東條英機の父）によれば，藩でもそれなりに重きを置かれていた家柄であったという。菊池は，12歳で藩校作人館修文所に入り，明治3年（1870）に大学南校に入学した。同期には，穂積陳重と岡村輝彦がいた。南校は，現在の東京大学であるが，菊池の在籍中は，一番中学，開成学校，東京開成学校と改編・改称された。ここで菊池は苦学しながらも，順調に進級を果たしている。明治6年からは，法学本科の最上等である第3級になる。「東京開成学校第2年報」によれば，グリグスビーによる明治7年の法学本科第3級の講義状況は次の通りであった。

　ブラッキストン著英国法律書全部を終わる。

ウールセー氏著万国公法を終わり，フヒートン氏著国際公法4部中一部終わる。

万国公法講義
 第1 公法の字義
 第2 古今学者の説
 第3 公法起原論

憲法講義
 第1 憲法の字義
 第2 憲法原由論
 第3 憲法各種有るの論
 第4 憲法に3権有るの論
 第5 一国は一家より起こるの論　これをギリシア並びにローマの歴史によって証す。

政学講義
 第1 自由の理
 第2 罪科論
 第3 刑罰真論
 第4 権利義務

ラテン　シーザル「ゴール征討記」4巻終わる。

ローマ法律　ジュスチニアン，10章。

ローマ史を終わり，ギリシア史を始む。

　この他にも，同学年で菊池は，修身学講義，論文（政治や法律に関するテーマであったという），そしてフランス語会話を学んでいる。翌年には，菊池は成績優秀者として，第1回文部省留学生に選抜され，三浦（鳩山）和夫，小村寿太郎，斎藤修一郎らとともにア

メリカに派遣されることになる。菊池と斎藤の留学先はボストン大学ロースクールであった。同校は、1872年に開校された比較的新しいロースクールであったが、早くからマイノリティーや女性に進学の機会を与えており、そうした開明的な雰囲気の中で菊池が初めての海外生活を送ることができたのは、幸いなことであった。当時の日本人としても寡黙でおとなしい性格の菊池であったが、ホームステイ先でも暖かく迎えられ、現地の多くの人々と交流している。

明治41年12月28日付の『読売新聞』は、「外国婦人と日本の博士／30年後の奇遇」の見出しで、菊池晩年のエピソードを伝えている。菊池と親交のあった女性が老貴婦人となって来日し、帝国ホテルの貴賓会で、自分はかつてボストンで日本人留学生の世話をしたことがあると述べたという。通訳が、その人はひょっとして「日本の法曹界に令名ある法学博士菊池武夫氏」ではと言ったところ、婦人は「キクチ、キクチ」と名前を思い出した。そして、教えられるままに菊池の法律事務所を訪問すると、菊池も再会を喜び、婦人を自宅に滞在させ、家族で東京見物の世話などをし、その婦人も「喜びの涙を浮かべ」帰国の途についたというのである。

菊池の交際の一端を伝える逸話である。

それでは、勉強の方はどうであったろうか。菊池は16歳の頃から授業もテストも英語で受けており、法律の知識もイギリス人バリストル（法廷弁護士）であるグリグスビーに仕込まれていた。法律の授業が始まると、アメリカ人にも負けた感じがしないので安心したと菊池は父の長閑に手紙で報告している。彼の講義ノートが数冊残っているが、清書されたものなどはそのまま本として

出版できるほどの完成度で記述されており，ボストン大学ロースクールにおいて相当体系的なレクチャーが行われていたことと，菊池の学力の高さをよく表している。菊池は英吉利法律学校の原書科で英国証拠法を担当したことがあるが，当時の学生であった卜部喜太郎は，次のように当時を振り返っているからである。

  当時原書科受持ちの各教師の教授法は，テキストブックを順次訳読するを例とせり。先生は唯一人別個の方法を選ばれ，学生に対して下読みすべき範囲を予告しておきて，教室に入り来らるるや直ちに誰彼の区別なく指名し，質問を連発してこれに答えしむる米国教授法をとられたり。

このような教授法は実際に自分がそうした訓練を体験しなければ，簡単にできるものではないように思われる。ボストンでも双方向的な授業に参加していたのではないだろうか。なお，ボストン大学の授業に関連する史料としては，学生の模擬裁判を記録した『ボストン大学判例集』(1882 年) が残されているが，ここにはKikuchi という名前が見える。ごく簡単に事実の概要をまとめると，商店主Aが自ら経営する店の従業員で盗癖のあるBを別の商店主Cに「真面目な店員」であると推薦状を書いて転職させたところ，BがCの店においても盗みを働いた時，CはAを詐欺（不法行為）で訴えることができるかというものであった。被告となったAは，Bが盗みを働いたことはすっかり忘れていたので詐欺ではないと主張していた。この事案について，主席判事であるRussel と陪席判事のSaitro が詐欺にはあたらないとして，原告Cの訴えをしりぞけたのに対し，陪席のKikuchi は一人これに反対したという。

 この模擬裁判は 1876 年 11 月に行われており，Saitro と Kikuchi

が，斎藤修一郎と菊池武夫であることは間違いないと思われるが，残念なことに，菊池の反対意見は掲載されていない。これだけの情報から菊池が，反対意見を貫く信念の人であったと言えるかはともかくとして，菊池が高度に実践的な法律訓練を受けていたことは確かである（この模擬裁判を含めたボストン時代の菊池については，David J. Seipp, "Legal Education for Export: Takeo Kikuchi's Boston University," Future of Comparative Study in Law〔2011〕に詳しい）。

　1877年，菊池は見事卒業試験に合格している。斎藤はこの試験を受験できなかったので，菊池がボストン大学ロースクールにおけるアジア人では初の卒業生となる。現在，同ロースクールのホームページには若かりし日の菊池の写真が掲載され「キクチタケオは，本校最初の日本人卒業生である。彼はのちに東京の中央大学の共同創立者・初代学長になる。同大学における彼の方針は『イギリス流の法と民主主義の精神で教育を行なうことである』」と説明がある。ボストン大学にとっても，これは誇るべき歴史なのである。

　帰国後，菊池は，司法省の役人として全国の判検事・代言人を指導しながら，東京大学で講師を務めるが，このように多忙な身でありながら，1885年英吉利法律学校の設立に参加する。当時の英吉利法律学校は夜間の学校であり，創立者たちは2時頃に所属官庁を抜け，夕刻よりランプの灯りのもとで，無給で講義を行ったのである。

　菊池は，明治24年には，いわゆる英法派でありながら，司法省民事局長という要職にあった。しかし，菊池を重用した司法大臣山田顕義が同年6月に大津事件にからんで失脚すると，同年8月潔く辞職の道を選んでいる。これは菊池が英法派だったからだ

けでもなさそうである。『読売新聞』(明治24年8月21日付) は，田中不二麿が司法大臣となって，「いやしくも学者の聞こえある者は，学派の英たると論ぜず，仏たると問わず」排斥され，「流石堪忍強き評判ありし菊池氏すら，尚且つ省内に満つる一種の空気に耐ええずして，野に下」ったとし，これを「司法省における学者の敗北」と報じている。

　菊池は，同年9月，代言人 (のちに弁護士) となり，同年12月には貴族院議員になっている。その後も，法典取調委員長などを歴任しながら，明治45年7月6日，中央大学卒業式の当日に60歳の生涯を閉じるのである。

3　講義の概要

　さて，法学通論という講義は，現在の大学のカリキュラムで言うと「法学」にあたるものである。当時の法学通論は，前半で法の原理を説明し，後半で，法の各分野を概観するというのが一般的なスタイルであった。英吉利法律学校では法学全般を扱う科目としてこれは1年次に配当されていた。本来であれば，学生はこの講義を終えたのちに，2年目あたりから，各法分野を本格的に学ぶべきであるし，当初，そういう科目として東京大学で始まったのだが，東京大学でも英吉利法律学校でも，専門科目と並行して履修されるようになる。学生にしてみれば，法律の基本的考えを法学通論で学びながら，同時に，刑法，契約法，代理法といった科目の講義を受けるわけで，法学通論の方で，「さて，今回からは，契約法というものについてお話をします」という時には，契約法の学習もすでに相当進んでいたはずで，学生は戸惑ったこ

とであろう。もっとも，講師もそれは承知しているのだから，各専門科目の担当者が扱わないような話題を選んだり，既習のテーマをさらに掘り下げたりすることもあったかもしれない。

さて，菊池武夫の法学通論である。法律学を初めて学ぶ学生に対する入門講義を任されたことは，菊池が18人の創立者の中でいかに信頼されていたかがわかる。年齢は最年長ではなかったが，学年では最上級であった。その菊池の講義録は，最近まで杳としてその所在がわからなかったが，1冊だけ早稲田大学にあることが判明した。筆記者は土方の契約法など明治18年のいくつかの講義を筆記した小林定修であった。彼は早稲田の前身である東京専門学校の卒業生であり，英吉利法律学校創立者の一人，岡山兼吉の教え子であった。おそらく，そうした関係から，収集されたのであろうか。同書には「東京専門学校図書」の印が押されている。入手経路は不明だが，原所有者ないし利用者は第1頁の「法律学士　菊池武夫」という部分をご丁寧にも法学博士と訂正している。菊池が穂積陳重や鳩山和夫らとともに日本で最初に法学博士号を授与されるのは，明治21年のことだから，それ以降も同書が利用されていたことがわかる。もっとも，これは当たり前といえば当たり前ではある。ただ，惜しいことに，現存する268頁のうち103頁から118頁が欠けている。やはり失われた講義録なのである。なお，奥田義人の法学通論の講義録（明治22年）では，初年度は菊池と渡辺安積が法学通論を担当したともとれる記述がある。奥田の記憶違いのようにも思われるが，もちろんそう断言する確証はない。

発見された菊池の『法学通論』には目次がない。ただし，ところどころ見出しがついており，菊池の講義の全体像を知る手がか

りとして，この見出しを順番に示しておこう．

  緒言
  法学通論の性質
  法律の解
  法律の起原
  制裁を論ず
  権利義務の解および関係
  人
  物
  行為
  事実
  刑法
  私犯
  占有
  契約

　なお，ここには見出しではなかったが，筆者（北井）が加えたものもある．また，実際の講義録は旧漢字とカタカナで書かれ，濁点も句読点もないが，読みやすさを考えて修正して引用する．さて，この見出しからは，菊池の講義も，前半（緒言から事実まで）が法の原理に関する総論部分で，後半（刑法，私犯，占有，契約）が各論であることがわかる．

4　講義前半

それでは菊池の講義を見てみよう。英吉利法律学校開校の辞ともいうべき冒頭は次のように始まる。

> 余の諸君に向かって法学通論を講ずるは，今日を以って始となすゆえに，本論に入る前，まず法学者の注意せざるべからざるものを陳述せんと欲す。第一，法学者の注意すべきは，法律の実地のものなりとの事これなり。そもそも，法律は人間の行為を規定するものなるをもって，常に人情風俗に則り，世人の利便幸福を計るに適するものこれを称して善良なる法律と言うべし。

菊池は，さらに続けて，法典の構成がいくら学理上優れていても，文章がいくら美しくても，良法とは言えないとし，やや唐突に『令義解』を取り上げて，当時の京都ではともかく，地方では，『令義解』は「書棚文庫の飾り物」であったと推測し，法というものはそうした飾り物であってはならないと説いたのである。イギリス法を学ぼうと門をたたいて，いきなり律令制の話をながながと聞かされた学生は，意外に感じたか，なるほどと膝を打ったかはわからないが，菊池が司法省の役人として，当時進行中の法典編纂を念頭に置いていたことは確実であろう。明治18年（1885）には，ボアソナードを中心にフランス流の民法典の編纂が着々と進んでいたのである。菊池は当時司法省に勤務していたが，省内では，岡村輝彦や山田喜之助らとともに英法派と目されていたし，まさに，そうした仲間と創立したのが英吉利法律学校であった。菊池は，『令義解』を批判しながら，社会の実態を無視した直輸入的な法典編纂がなされないように釘をさしているのかもしれない。菊池は続けて言う。

第6章　｜　菊池武夫の「法学通論」講義

法律を学ぶ者は，空理を談ぜず，妄想に陥らず，すべからく眼
　　を実地に注ぎ，これが応用を研究せざるべからず。彼の欧州大陸
　　の法学者は原理を講じ，原則を究め，某規則は原理に適するや，
　　某条令は原則に合するやこれを見ること最も敏なりといえども，
　　実地に応用するにいたりては，その原理を究め原則を講ずるがご
　　とくならざるものあり。これに反して，英米法学者のごときは，
　　敢えて原理原則を講究せざるにあらずといえども，もと英米法は
　　一部の成典となれるものにいたりて少なく，専ら習慣に基づき学
　　者各々科を分かちこれを講究するをもって，その大体より論じ，
　　順序関係を示すにいたりては，いまだもって欧州の学者に及ばざ
　　るものありといえども，実地の応用においては，すこぶる妙を得
　　たりというべし。

　菊池は，「実地の応用」が英米法の優れた点であることを強調
している。これはイギリス法律学校の設立趣意書などにも繰り返
し現れている言葉であり，初代校長の増島をはじめとする当時の
創立者に共有された理念であったことが，菊池のこの講義からも
伝わってくる。ただし菊池は，英米法を賛美するだけではない。
英米法とヨーロッパ大陸法のそれぞれの長所を採用しようという
のである。

　　　されば，本校においては，英吉利法律を講究するをもって，そ
　　の目的となすといえども，あえて英米法律学校の学風のみによら
　　ず，その及ばざる所は欧州大陸に採り，もって我が短を補わざる
　　べからざるなり。即ち，余の本論を講じて，大体の順序関係を簡
　　単に説明せんと欲するゆえんなり。

　この指摘は興味深い。ここでいう「大体の順序関係」というの
は，体系という意味である。実は，19世紀の後半は，アメリカ

やイギリスの法学界が，ヨーロッパの法学を参考にして，迷路のような判例法を体系化しようとした時期なのである。英吉利法律学校の創立者のうち留学経験者は，みなこれを現地において肌で感じ取ったものと思われる。菊池も何が何でもヨーロッパは嫌いだというのではないのである。もっとも，菊池は，フランス流の天賦人権思想には抵抗感を抱いていたようである。法学者の注意すべき第2点目を「法学の区域を知るにあり」として，「某規則は天然法にそむき，某条例は性法に反するものなりと論ずるがごときは法学の区域を脱」すると批判した。そして，たとえ奴隷制度であっても「天賦自由若しくは人類同等の理に反すると否とは哲学者の論ずべき事柄」であって，法律家は関わるべきでないというのである。こうした保守的ともとれる発想を理論的に支えているのが，当時流行した沿革法学であった。菊池は「沿革法学史を学ぶときは法律は人情風俗に基づかざるべからざるの理を了解し，自由は天性なり，権利は固有なりと論ずるがごとき空理妄想に陥らざるにいたらん」と言う。こうした発想も，穂積などの他の創立者たちと共有した考え方であったと言えよう。

菊池は，英米の著名な法学者がみな裁判官などの実務家出身であることや，アメリカのアーサー大統領（在1881年-1885年）が弁護士であったことなどを紹介したり，イギリスのマンスフィールド裁判官が商人出身の裁判官から，判決の下し方のアドバイスを求められた時「己の良心に問い，善なりと思惟する結局を申し渡し，決して理由を付すべからず」と答えたことは，「法律は凡人の測り知るべからざる神妙不可思議のものにあらずして，国民平均の思想行為即ち人情風俗に基づくものなれば，ことさらに種々の理屈をつけ，ためにその大本を誤るなかれとの教諭なり」と誉

めたりしながら，最後に，「法律は実地応用の具なることを忘れず，すべからく眼を実地に注ぎ，空理に走らず，妄想に陥らざるときは，遂にその目的を達するに至らんか。これ余が本校学生諸君に向かって切に希望するところなり」と緒言を閉じている。

　次に，「法学通論の性質」に移り，菊池は，「法学の門に入るべき大体の通路を示す」と言いながら，例えばとして「新たに地方より来たりし人は，東京の地理を知らんとするにあたり，初めより一区ごとに徘徊するときは，いたずらに疲労を覚ゆるのみならず，かえって本道を失うの恐れあるべし。ゆえに，まず鉄道馬車にて新橋より上野浅草を通り，或いは又，上野より汽車にて，新宿品川に乗りまわり，東京大体の方角を知るがごとし」と法学の概説を講義することを予告するが，法学通論といっても，モンテスキューの『万法精理』のような各国に適用される法というものを教えようとするわけではないとし，「しからば，何の国の現行法を基として法律の大体を通覧するやと問わば，即ち英米二国の現行法なりと答えん」と言う。ここでまた自然法（性法）を批判して，沿革すなわち歴史を考える必要性を力説するのだが，例示としては，英米の例ではなく，日本の隠居制度について論じ始めるのである。おそらくは，ここでも司法省内における仏法派との議論が脳裏をかすめながら「戊辰の革命を経，維新の今日となりたる以上はその封建制度にともなうの弊害はことごとくこれを除去したるやといわば，否，決してしからず，現に隠居の制度存するあるにあらずや」と漸進的な社会観を示しながら，「4を除するに2をもってするときは2となり」という算数のようには，現実は都合よくいかないとし，理論ではなく時代の便宜が法律を動かしているとして「即ち便宜は法律の精神骨髄ともいうべし」と

する。

　次の「法律の解」では，法の定義を試みている。菊池は法を「人類の行為に関する規則にして，主権者の執行するものをいう」と定義する。この意味は「制裁を論ず」の章で明らかになるが，一見すれば，オースティンの「法は主権者の命令である」という分析法学の考え方のバリエーションであるように見える。オースティンの法理学は，日本でも早くから知られていたし，東京大学のテリーや穂積陳重もオースティンをベースに自己の法理学を発展させていた。さらに，マークビーやホーランドといったイギリス人の分析法学者の著作も日本で紹介されていた。菊池のこの定義自体はホーランドに近いものであるが，このあたりの記述については，多くの著作を参照しながら，自分なりに講義しているように見受けられる。ちなみに，菊池は東京大学の講義は英語で行っていたが，英語の書物を訳読するのではなくて「諸書を参考し，また自分の了見をも加えて作りたる講釈」であって，「実に骨が折れる」と父に手紙でこぼしており，英吉利法律学校の講義でも同じような姿勢で臨んだものと思われる。

　さて，次の章は，「法律の起原」と題して，専ら慣習法の法源性を論じている。菊池は，「通例世間の法学者間にて唱うるところによれば，法律は主権者の命令より出るものとなせども，法律はあえて主権者の命令のみに出るにあらず」として，オースティンを批判し，習慣にも法源性があるとの立場を明らかにする。さらに「政府に対してこれをいうときは民間の習慣という」とわざわざ「民間の習慣」という言い方をするが，これは当時の日本的な「官庁の慣例」と「民間の慣習」の区別を念頭に置くものであり，司法省の役人らしいところである。さらに，有名な明治8年

太政官布告103号の「民事の裁判に成文の法律なきものは習慣により……裁判すべし」に言及しながら,「我国にては習慣も随分主権者の命令したる法律ということを得べき」とする。つまり,日本で慣習が法となるのは,太政官布告という法令上の根拠があるからだという説明である。

当時は,司法省の役人の意見は裁判官に絶大な影響力をもったから,こうした解釈の一つひとつが活字になることは大きな意味があったと思うが,菊池が問題としたかったのは,英米法における慣習の法源性であり,「習慣は元来法律にあらざれども,裁判所においてこれを採用するに及びて初めて法律となる」との説を批判し,慣習の法源性を認めている。英米法のオーソドックスな立場であると言えよう。

次は「制裁を論ず」として,冒頭の法の定義の意味を解き明かすが,菊池は先の定義の主権者は自ら法の執行を行うわけではなく,他の機関すなわち裁判所に執行を委任するとして,結局,法(菊池の言葉では法律)は裁判所がその違反に対して何らかの制裁を加える規則であるというのである。そして,「神田の祭典に氏子連はひさしに燈籠を点するの定め」を例にとって,これを守らなくても裁判所による制裁はないから,この定めは法ではないと,学生のためにわかりやすい例示を与えている。アメリカ人のテリーにヒントを受けているようにも読めるが,テリーよりも,裁判所の役割を菊池は一層重視しており,アメリカのリーガルリアリズムを予感させる記述であるようにも思われる。

次のテーマは「権利義務の解および関係」である。菊池は「法律上権利を本とすべきか,義務を本とすべきかについては,いにしえより先哲にも種々議論のあることなり」としながら,「義務

を本とするはすこぶる穏当なることならん」として，義務を中心に記述を進めるが，ここでは分析法学内部の一つの論点があることに注意しなければならない。つまり，例えば国民に納税の義務があるという場合，主権者の側に税金を払えという権利があるかどうか，つまり，常に義務と権利が一対の関係になっているかという，法理論上の問題である。オースティンやマークビーによれば，主権者は命令するのであって，それを権利と呼ぶべきでないとしていたが，テリーやホーランドは主権者も権利を有すると考えていた。菊池は「主権者は法律を制定するものなれば，法律の上に位し，決して法律に支配」されないと，前者を支持するのである。そう考えるからこそ，義務を中心に分類せざるを得ないのである。

菊池は，次に権利義務の主体である人を「天造人」と「人造人」に分類する。今日で言う自然人と法人である。権利の対象たる物は，「天造物」と「人造物」に分類する。前者は有体物をさすようであるが，後者は，牛馬の一群のような集合物などのように「ただ人間の考えにあるもの」だと言う。他にも主物と従物の区別などを説きながら「我国にては戸障子のごときも家屋の従物なるや否や明白ならざれども，西洋においてはこれを従物とす」と比較法的に解説を進める。

次に「行為」を説明し，「行為とは意思に従って生ずるところの筋骨の運動をいう」としながら「例えば，人の知らざるに足の下，又は脇の下をくすぐることあるときは，突然驚きて，これを蹴るも，別に法律上の責任なきものとする」と意外にもユーモラスな例を示している。次の項目の「事実」のところでも，菊池は，この意思と行為の問題を論じている。ここでようやく，判例

に言及が及ぶ．イギリスの判例であるスコット対シェパード事件である。事案は，被告が鼠花火を街中で投げたところ，驚いた人々が次々に投げ合って，最後に原告の目にあたって負傷させたというものである。菊池は，驚いて最後に原告に花火を投げた人には意思がなく，最初に街中で花火を投げた被告が「必ずや他人に損害を及ぼすの事実あるを知りつつこれを投じた」として，責任を負うことになると説明している。この判例はテリーも扱っているが，テリーが因果関係を中心に説明するところを，菊池は予見可能性から説明しており，独自の研鑽のあとをうかがうことができる。さらに，この後もテリーなどの他の学者の論述にならうように，「故意」「悪意」「不注意」と行為者の心理要素を説明して，前半部分を終える。これらを詳細に紹介する余裕はないが，「例えば，深山幽谷にて発砲したるに，思いもよらざる所に人あり銃丸にあたりて死亡することあり。また相当の理由に基づき真実なりと信じて人に告げたる事柄，その実，不実なりしがため，その人に損害を被らしむることあり」という例示があるが，この後半部分を教壇から語る時，ボストン大学模擬法廷の法壇の記憶がかすかによみがえったかもしれない。

5　法学通論後半

さて，後半は「刑法」「私犯」「占有」「契約」である。現在の法律用語で使われていないのは「私犯」であり，これは今日の不法行為のことである。現存する268頁の講義録のうち，後半部分は60頁以降であるから，まだ菊池の講義の最初のほんの数回分を眺めたにすぎない。前半は，すでに述べたように，多くの著作

物を参照しながら法の基本概念を整理しているのだが，後半は事情が異なる。菊池の講義の後半部分は，アメリカで1881年に出版されたオリバー・ウェンデル・ホームズの『コモン・ロー』の翻案なのである。ここでは，前半部分のように菊池の記述を逐一紹介することはやめておこう。結局それはホームズの著作の要約になってしまうからである。むしろ，ホームズとは何者で，菊池はなぜホームズに依拠したのかを考えてみたい。

　ホームズは1841年に生まれ，1902年から合衆国連邦最高裁判所判事となり，先見の明のある多くの少数意見を書いたことから「偉大な反対者」と呼ばれた人物である。おそらく，アメリカ史上最も偉大な法律家といっても過言ではない。このホームズは，1867年から弁護士をしていたが，学問・教育の方にむしろ関心が向かい，法律雑誌の編集などをしながら，母校のハーバード・ロースクールで学生のチューターなどもしていた。東京大学法学部初の日本人教授井上良一や明治憲法の起草者金子堅太郎とは特に親交が深かったことが知られている。菊池がボストンに滞在していた時も，留学生監督官の日加田種太郎やハーバードで学んでいた小村を通じて，面識があった可能性は低くないだろう。そのホームズが学界で一躍その名をはせることになったのが，1880年11月から12月にかけての『コモン・ロー』と題された連続講義であった。菊池は同年の7月にはボストンを発っているので，この講義を聴講することはなかった。この講義が翌年出版されて好評を博すと，ホームズは1882年にハーバードにポストをえるが，1学期だけで教壇を去り，結局，裁判官の道を歩むのである。

　ホームズの『コモン・ロー』は，「法の生命は論理ではなく経

験である」という標語によって現在でもよく知られている。ホームズは『古代法』を著したメインに触発され，ドイツ観念法学やその流れをくむイギリスの分析法学に対抗し，コモン・ローを独自の視点から解説した。メインは日本では何度も翻訳されよく読まれてきたし，菊池自身も東京法学院時代にメインの『古代法』を解説する講義を担当している。ところが，ホームズの『コモン・ロー』については，難解すぎてか，これまで日本では翻訳はおろか，まとまった紹介すらなされてこなかったと信じられてきた。今回の菊池の講義録の発見は，日本の英米法研究史の大発見と言えるものである。

　誤解のないように言っておくと，当時の日本では学者が外国の著作物の翻案をすることは一般的であり，菊池の『法学通論』も，講義の筆記録としてではなく，正式に出版社から発刊される機会があれば，おそらく，序文に，ホームズの名前が明示されたはずである。菊池の沿革法学への元来の関心の高さと，自分が5年滞在したボストンで出版されたことから，菊池はいち早く同書を入手して，講義ノートをつくったのではないかと思われる。『菊池先生伝』の編者新井要太郎は，菊池の勉強ぶりについて「欧米の新著は必ずこれを購読して後，東京帝国大学に寄送した」と言う。当時の洋書は高額だから，実態は東京大学が購入した新著は書棚文庫に飾られる前にまず菊池が読んだという風に理解した方がよいかもしれない。そして，英米法の伝統を重視しながら，ヨーロッパの自然法論やイギリスの分析法学を批判的に克服しようとしたホームズの考えに強く惹かれたのではないだろうか。いずれにせよ，ホームズに依拠していたことがわかれば，なぜ，菊池が論理の過剰に警鐘を鳴らしたか，日本法制史に言及し

たのかが，十分うなずける。菊池の講義録の前半は，構成やテーマは従来の分析法学の基本文献にしたがっているが，菊池なりにホームズの思想を取り込んでいたのである。

　では，菊池の講義の後半について，ごく簡単に内容を見てみよう。まず「刑法」であるが，翻案といっても，ただ翻訳しているだけではない。例えば「2人海上に漂流し，幸い1枚の板を得たり。しかれども，この板1人を乗せるべくして，2人の用をなさざるときは，1人は己れの命をまっとうするため，他人を押しのけ他人の死をいたすともその者に罪なし」という記述がある。これは法学部の学生ならば誰でも知っている「カルネアデスの板」という有名な設例なのだが，ホームズがこの設例を『コモン・ロー』で示しているわけではない。菊池が，学生の便宜を考えてこれを挿入しているのである。他にも，ホームズが要点だけを述べているところを菊池は忠臣蔵や八百屋お七を例に具体的に説明している箇所もある。また，ロンドンの通りに作業員が煉瓦を落として通行人に怪我をさせるという話については，菊池は，場所を銀座通りに変えている。ただ，設定を変えているだけではない。ホームズはイギリスにおける婦女の誘拐について年齢を16歳未満として説明しているが，菊池は18歳未満と書き直している。筆者があわてて調べてみたところ，菊池が講義をする明治18年にイギリスで法改正がなされていたのである。菊池は最新の情報に基づいて講義をしていたわけで，これは当然のことかもしれないが，全く頭のさがる思いがする。

　「刑法」に続いては，「私犯」が論じられる。ここでも，菊池はホームズの説明にのっとって，議論を進める。ホームズが，実体法は訴訟方式の分類を通してのみ考察されてきたので，不法行為

の一般原則が考察されなかったことを比較的冷静な筆致で語る部分を菊池は次のように言い直している。

> 元来，英国にてはこれまで，種々の訴訟手続ありて裁判官も法学者もとかくその手続を先にし，主法はかえってこれを後にするの弊ありしにより，私犯法上の義務もまた，種々なる訴訟手続の方法と関連すれば，これを発見すること容易ならず。要するに，立法上の議論はほとんど無きにひとしく，常に学者の論じたるものは勢力をもって加えたる害についての訴訟手続と間接に生じたる害についての訴訟手続との境界は奈辺に存するかといえるがごときことにのみ汲々とし，かの私犯法の原理にいたりては一人としてこれを講究するものはなかりしなり。……英国も開明の域に進み……従来のごとく堅苦しき訴訟手続をもって法理をくらますがごときはなきこととなれり。

ホームズの原文と対比すると，手続法を先に学び実体法を後にするという順序をホームズは問題としているわけではないので，菊池の説明とニュアンスが異なる。ただ，当時の法学通論の手法として，東京大学のテリーがこうした順序で教えており，菊池は暗に法学通論の教育法についてテリーを批判しているのかもしれない。また，ホームズの原文には英国という言葉は出てこない。もちろんホームズの批判の対象には英国も含まれるのだろうが，菊池は専ら英国法批判と捉えているところが興味深い。

実は，菊池にはボストン留学中，英米法の本場はイギリスであるとして，イギリスに憧れ続け，イギリス転学を文部省に申し出て却下されたという過去がある。実際，法学研究も法学教育も当時のイギリスよりアメリカの方が進んでいたのだが，帰国後そうしたことに気がついて自信を取り戻したか，今なお抱く複雑な思

いを吐露したかは定かではない。

　さて，菊池は，不法行為責任に関する「道徳責任主義」と「厳重責任主義」について解説するが，この後者について，菊池は「米国判事ホームス氏は痛く，この主義を駁撃せり。今ここにその要旨を講述すべし」として，ここで初めてホームズの名前をあげ，自らの講義がホームズに依拠していることを明らかにしている。そして10頁以上にわたって，『コモン・ロー』の内容を講釈するのである。内容は責任の本質を考察する高度なものであったが，学生は並行して私犯法の講義を受けているので，何とか理解可能であったろうし，教育上の効果も高かったと思われる。

　次の章は「占有」である。本章は，ドイツのサヴィニーの『占有論』を手がかりに，ホームズがローマ法とそれに由来するドイツ法の占有論と英米法の占有論を比較した部分である。本文で菊池はホームズの名前は出さないが，内容は，『コモン・ロー』の翻案と言ってよい。もちろん，『コモン・ロー』でも極めて難解と言われる部分であり，イングランド法制史，ローマ法，ドイツ観念論哲学の素養がなければ理解できない。ホームズが「占有者は目的物のなかにあるいはその上に人格 personality を及ぼす」とか「占有者はそれを自己のものとする意思があり，かくしてそれは彼自身 his very self の一部になる」とやや高尚に要点を述べている部分も，菊池は，「カント，ヘーゲル等の言にいわく『占有は自身（エーゴー）の膨張なり』と，これを例せば，余はこの書物を占有すといはば，この書物は余の手足と同様なり，余の手足の広がりたるものなりというにひとしと俗解するをうべし」とわかりやすく説明しているし，ホームズが使わなかったエーゴー（ego）という言葉も示している。また，『コモン・ロー』には言及

のないマークビーの説も紹介されており，翻案とはいえ，本章の学問的価値は極めて高い。

　もし，今日の目から見て，残念なことがあるとすれば，ホームズに依拠していることを本文中に述べなかったことであろう。もっとも，講義の筆記録だから仕方ないし，前述したように，学者として種本があることは当時一般的であった。話はやや本筋からそれるが，菊池は東京法学院や中央大学の卒業式などの訓話では常に英米の最新の書物から仕入れた話題を提供し，訓話の中では書名などには触れなかったという。訓話が終わると側近の佐藤正之に「君今日のはわかったか」などとたずね，佐藤が書名をあてるとただコクリとうなずいたという。

　さて，菊池の法学通論は，1年しか行われず，2年目は英吉利法律学校の創立者の一人で，菊池と同様に司法省に勤務していた山田喜之助が担当した。山田の講義録は，学生に頒布されただけでなく，講義の翌年に博聞社から出版されている。山田はその「占有」の章で，ホームズによるたとえであると明示し，菊池が取り上げたのと同じ事例（幼児の占有）を説明している。現代の目からすると，山田が菊池の種本を暴露しているようにもとれるが，菊池は黙って「うむ」とうなずいたかもしれない。

　さて，菊池の講義に戻ろう。最後の章は「契約」である。ヨーロッパで台頭していた意思を中心とする主観的な契約観が英米にも影響を及ぼしていた時，独自の客観主義に立って，その後の英米契約法学の方向性を定めた重要な章である。菊池もホームズの発想の新しさには注目していたように思われる。ピアレス（無双）号事件という船の積荷の売買をめぐるイギリスの有名な事件がある。このピアレス号という船は実は港に同名の2隻が停泊中であ

り，売主と買主がそれぞれ別の船の荷物を取引しようとしたものである。両当事者の意思が合致していないので無効であるという従来の説明について，「ホルムス氏はこの解釈の説明をもって不十分なりとし」と菊池はホームズの客観主義的発想の独自性に気がついているのである。

もっとも，菊池が一番重要だと捉えた記述は，無効な契約と取り消し得る契約との違いに関するホームズの記述であったように思われる。現在の日本はもちろん英米でも，ある契約が無効か取り消し得るかは重要で，法学部の学生はこれをしっかり理解するように言われるのだが，ホームズは単純に論理では割り切れないという趣旨の記述をしている。菊池はその記述に依拠しながら「法律にたつるところの区別はもっぱら論理によるものにあらずして，経験に根拠するものなるがゆえに，法律のことを論じるにあたり，数学上の学理と同様の綿密にわたらんことを希望するを得べからず」と，契約の章を閉じている。現在でこそ，『コモン・ロー』第 1 章冒頭の「法の生命は論理でなく経験である」という言葉が知れわたっているが，菊池は，見事にホームズの精神の核心を会得していたのである。菊池の法学通論は，菊池版『コモン・ロー』であったのである。

6 結　語

本章では，菊池武夫が行った英吉利法律学校 1 年目の 1 年次生向けの講義を見てきた。山崎先生の研究により『法学通論』が発見されたことだけでも喜ばしいことであったが，その内容がホームズの『コモン・ロー』に依拠した，英米の最先端の法学理論に

基づく講義であったことは，日本の法学史における発見というだけでなく，ボストン大学を含めアメリカにとってもすばらしい知らせであることは間違いない。しかも，菊池はただ外国の理論を日本の実情を無視して講釈するというのでなく，経験を重視するというコモン・ローの精神を尊重し，日本の現実社会を見据えながら，日本法のあるべき発展の方向を若者たちに指し示そうとしているのである。

　もっとも，こうした菊池の講義が好評を博していたわけではなかったようである。学生たちは約因とか法鎖という耳慣れない専門用語の方にありがたみを感じたようである。佐藤正之は菊池の法学通論について「先生の法学通論は余りに通俗的で何となくもの足らんような気がした」と回顧している。彼のたとえ話だけを取り上げればそうした印象も無理はないかもしれない。しかし，他のどの法学通論よりも内容は高度であったはずで，それを物足りないと言わせたのは，菊池が難しい内容をわかりやすく教えたからであったようにも思われる。物足らないと感じた学生にも必ず得るところがあったはずである。もっとも，菊池の講義が歴史に埋もれたのも事実ではある。

　しかし，菊池の法学通論は，翌年講義を担当した山田，次の年の江木衷，そしてさらに次の奥田義人にとっては，仰ぐべき手本であったに違いない。今読み返すと，それらにもホームズ流の説明を発見することができるが，これは菊池の影響であろう。菊池が英法派の梁山泊と呼ばれた東京法学院・中央大学の指導者であり続けたのは，ただ性格が穏やかで真面目だったというだけでなく，学者として並々ならぬ実力があったからこそ，信頼と尊敬を集めたからではなかろうか。

第 7 章

土方寧の「契約法」講義

1　土方寧と契約法の紹介

　本章では，土方寧の契約法講義について見ていくこととしよう。

　英吉利法律学校が開校した明治18年（1885）から2年間，契約法の担当者は土方寧であった。本学図書館に残されている講義録は，初年度である明治18年度の講義を講義録筆記掛の小林定修が筆記したものである。

　はじめに，土方寧について簡単に紹介しよう。土方は安政6年（1859）生まれ，高知藩出身，明治15年に24歳（数え年，以下同じ）で東京大学法科を卒業し，直ちに文部省御用掛となり，翌年に大学助教授となった。そして，明治18年，英吉利法律学校の創立に参加した。

　土方が担当した契約法という科目の位置づけはどのようなものであったのか。契約法は第1学年に配当され，民事法の基礎科目であった。もともと英吉利法律学校は契約，不法行為，商法，証拠法といった民商法を重視していた。というのは，刑法・刑事訴訟法は我が国の法律があったし，憲法は我が国の国情と合致しないと考えられていたし，さらに，土地法と親族法は各国が独自の法をもつ分野だからであった。したがって，契約法は重視されるべきものの中のさらに重要なものという位置づけであっただろう。このことは，明治維新以後，我が国が急速に資本主義経済を確立していく中で，西欧の契約の考え方を普及させるのが喫緊の課題であったという国情とも合致することになったと考えられる。授業時間数にも注目しなければならない。通常の科目が週1時間であったのに対して，契約法は週2時間が割かれていた。契約法の重要性と，講じるべき内容が多かったという事情が見て取

れる。まさに，契約法を素材として法学の基礎を身につけるという意味も含まれていたのであろう。開学後最初の2年間が土方，彼の留学後の87年度からは山田喜之助が担当した。この二人が講義にあたって参考としたのは，アンスン（Anson）とポロック（Pollock）によるそれぞれ定評のある英国契約法についての書であった。土方の講義の中でも，ポロックの論や，アンスンの論（ただし，講義録中の表記は「アンソン」）が時々，登場している。講義を担当することが決まっても，なにしろその学校にとって全く初めての講義なのだから，すぐに講義をするのは至難の業である。英国において定評のある2冊の書籍を参考にして授業を進めていくことは，自然な流れと言えるだろう。

　土方が講義した契約法の内容は，今日，民法の講義で一般に言われている契約法と同じではない。これは，英吉利法律学校の講義が英法に基づいて科目が設定されており，かつ，いまだ日本民法典が（否，その案すら）できあがっていない時期においてなされた講義だからである。具体的にどこが異なるのであろうか。

　ここで，現在の日本民法が採用している体系を簡単に説明しよう。明治31年に施行される日本民法典は，全体を，総則，物権，債権，親族，相続という五つの編に分かち（いわゆるパンデクテン方式），千を超える数の規定を配列している。親族と相続は家族分野であるから，ひとまず横に措くとして，問題は，総則，物権，債権という編別である。総則編に，全分野に共通の抽象的な事項を集め，物権編では物権に関連する事項，債権編では債権に関連する事項が規定されている。債権編の中は，再び総則と各則に分けられ，債権に関する一般的な事項を定める債権総論と具体的な債権発生原因について規定する債権各論に分かれている。今

日，パンデクテン方式の民法を前提とすると，「契約法」といえば，債権編の後半の一部（いわゆる債権各論の範囲から，事務管理・不当利得・不法行為を除いた部分）を意味する。

土地と建物の売買を例にとって考えてみよう。一般のサラリーマンが庭付き一戸建てのマイホームを購入しようとしている場合と思えば，さらにわかりやすくなる。マイホームを購入しようとしたら，相手の不動産業者に騙されて不当に高く買ってしまった場合，詐欺が成立するかという問題となるが，これについては，民法では総則編に規定されている。マイホームを購入すると土地・建物の登記をするのが通常だが，もし登記をしなかったらどうなるかについては，物権編に規定されている。買主が代金を払わなかったらどうなるかについては，債権編に規定されている。

このように一つの売買契約から発生し得る諸問題について条文はどうなっているのかについて一般の人が知りたくなった時に，契約という編なり章なりにすべて書いてあればわかりやすいのに，パンデクテン方式では様々な場所に法文が置かれており，民法の知識がないと法文にたどりつけないのである。これは，パンデクテン方式の欠点の一つであることは間違いない。土方らが講義したのは，このようなパンデクテン方式の日本民法典ができ上がる前の時期なのである。土方の契約法は，契約に関連する事項を一通り述べている。そのため，現行の民法上，総則に置かれている制度（これは，今日，「民法総則」という科目で扱われている）も土方の講義の対象となっている。もっとも，今日，法学上，非常にホットな話題となっている民法（債権法）改正論議においては，英法流の契約法，つまり土方の契約法の内容が重視されつつあるから（民法総則否定論も存在するが，検討委員会内では1票差で総則の維持

が決まった)、土方の契約法の内容を見ることは、現代的意義も大いにあるのである。

2 契約総論

　土方は、まずはじめに、「総論」と称して、法学総論のような話を展開している。例えば以下のようなことが講じられている。法律の区別の仕方はいろいろあるが、土方によると、注意してもらいたい区別は、強行法と聴用法の区別だという。後者は今日、聞き慣れない言葉であるが、土方によると、予め規則を定めておき、その規則にしたがわなければ法律上保護しないものを言い、契約法はこの聴用法に分類される。つまり、国民は契約を結び売買をなす義務はないが、もし売買をする時は契約法にしたがわないと法律の保護を受けないのだという。次に権利の区別の話題に移ってゆき、対世権と対人権の区別が説明される。これは、今日の理解と同じである。

　対人権との関係で、ローマ法の原語では、これを「オブリガシヨ」といったことが指摘されていて、これは法律上の鎖または紐という意味であるから、これを「法鎖」と称するとしている。「法鎖」という言葉は、今日でも、債権債務による拘束の関係を表す時に使用される語であり、この頃すでに使用されていたことがわかる。そして、ドイツの極めて有力な法学者であるサヴィニーによる説明を使って、法鎖について、他人の個々の行為をその他人の自由意思より減却して自己の意思に服従せしめ以てこれを管理することと定義している。そして、法鎖に必要な元素は四つあり、まずは2個の対手をあげる。これは、権利者と義務者のこ

とである。次に，この2個の対手は確定していなければならないという。義務者が不確定であれば，それはすなわち対世権であり，権利者が不確定であれば，それはすなわち公法上の権利義務であるという解説は，興味深いところである。そして，法鎖の区域も確定していなければならないこと，金銭で価値が定まるものでなければならないことが，それぞれ3番目，4番目の要素であるとしている。次に，法鎖が生じる原因についての説明に移る。6種類あるというが，6番目に「合意」を登場させて，合意を組成する元素について詳しく述べている。

　これらの前提知識をもとに，土方は契約というものを定義しようとする。その際，ポテー（フランスのポチエ Pothier のことと思われる）の定義，フランス民法の定義，インド契約条例の定義，サヴィニーの定義を示して，いずれも不十分であるとした上で，最終的に，メインの定義（合意に加えるに法鎖を以てすれば契約に等しい，すなわち法鎖＋合意＝契約）が最も適当であるとする。

　以上が，契約を定義するためのまさに総論の講義内容であるが，1年生の最初の科目での講義内容であるという点から推せば，かなり難解な講義であったはずで，現在，本学図書館等で保管されている講義録は，学生の予習・復習に大いに役立ったことであろう。当時，英吉利法律学校の講義を聴きに来た学生たちがそれなりのレベルの者たちであったとしても，契約の定義のために，法鎖とか准契約とかといった難解な法学用語を口述筆記だけで理解するのは容易ではなかったのではあるまいか。

3　契約の成立と契約の区別

　土方は，この後，自ら「本論」に入る旨を述べて，契約の成立の議論を始める。まず，契約の成立に必要な原素を6項目あげる。①合意，②約因または法式，③対手の能力，④合意が真誠であること，⑤適法であること，そして⑥契約の事柄が履行し得べきものであること，この6点である。④の真誠というのは，錯誤や詐欺等のために真誠完全の合意がない場合があるとの説明がなされている。今日，一般に言われている契約（意思表示）の有効要件と比較すると，おおむね同じであると評することができよう。公序良俗違反でないこと（今日，社会的妥当性の要件と呼ばれる）については，6項目の中に書かれていないが，後述のように道徳に反する契約といったものも不適法な契約の一種として扱われているから，実質的には，今日，言われている要件と同じであろう。この6項目について，この後，延々と講じられていくこととなる。

　土方は，この6項目を詳論する前に，契約の種類や区別について説明をしている。様々な観点からの区別が可能であるとして，区別の方法について紹介した後，ローマ法上の契約の種類について説明する。その後，英国法においては，契約を3種類に分けており，それが，記録契約，捺印契約，常種契約であるとする。記録契約というのは，判決など，裁判所の記録により生じる法鎖で，捺印契約は捺印証書で認めた契約である。捺印契約の説明のところでは，禁反言（エストッペル）が説明されており，現代に通じるものが認められる。すなわち，捺印証書作成者は記載した事柄が不実のものと主張することはできないというのである。ま

た，捺印契約の出訴期間は20年で，常種契約の出訴期間が6年とされているのは，捺印契約は証拠の湮滅することが少ないからであると説明されている。さらに，捺印証書をもってしなければならない契約があるとして，会社の契約等の説明がなされている。

英国法では，記録契約と捺印契約を除くすべての契約が常種契約であるという。その成立に必要なものは，合意と約因の二つである。そして，書面に記載する必要はないから，常種契約は不文契約がその本体であると説明されている。成文契約の場合は，条例が書面を要求している場合であって，確実に証拠を後日に残すためであるから，契約時に書面にしなくても，契約締結後出訴前に書面にすれば，訴権が生じる旨の解説がなされている。契約上の訴えの説明をしながら，金銭は他の物品とは異なって現に所持する者がもち主となるのであって，不正の所為により金銭を得た場合であってもなおその者の所有となるといった説明が加えられているあたりは（ただし，この問題は詳細な研究が必要），基本的に今日と全く同じ説明がなされているわけであるから，まさに，民法学の歴史を感じさせるものがある。そして，ローマ法における契約の発達と英国法における契約の発達を比較しつつ，さらにローマ法を継受したドイツ法ももち出しながら，英国法では約束に広く契約の効力を認めているという点が異なっているという説明をしている。まさしく他国との比較を行いながら，英国法における契約の理解を深めさせることが狙いの講義と言えよう。

4 合　意

　次に土方は,常種契約の成立に必要なものは合意と約因であると述べて,合意について説明し始める。最初が合意の生ずる方法についてで,合意は申込みを承諾することで生ずるとする。申込みと承諾の2者について知るべし,と注意を促している。ここで,一言述べると,契約というものは,どのようなものであれ,二人の人の意思の合致で成立し,最初に表示された方の意思（例えば,「これを買いたい」という意思表示）を申込みと言い,後に表示された意思（例えば,「いいですよ,売りますよ」という意思表示）を承諾と言う。したがって,申込みと承諾が,契約成立の基本となるわけである。さて土方はその後,申込みと承諾について詳論していくのであるが,条文があるのではなく,判決例で確定した規則またはこれらの規則より推測可能な結果を,言わば箇条書きスタイルで9項目にまとめて説明をしている。裁判例の積み重ねによりでき上がってくる諸規範を箇条書きスタイルで講じていくあたりは,今も昔も,教授法は変わっていないと感じさせるものがある。それらを読み進めていくと,すでに民法学を学んだことがある者にも,契約の成立において生じる諸問題を再認識させてくれる。興味深いのは,申込みと申込みの招きとは区別せよとの段である。申込みは,結約すべき意思を人に示すことで,もしその通り承諾する者が現れたら「権義」の関係（権利義務関係という意味であろう）を生ぜしむる決意ある場合であるのに対して,申込みの招きは,他人の申込みを招くまでのことであるとする。この区別は理においては一目瞭然であるけれども,実際には判断に苦しむと指摘している。ここで土方は具体例を出して説明をしている

第7章　｜　土方寧の「契約法」講義

が，その例が面白い。

　まず，何色の犬を紛失したのでお連れくださった方には金10円を謝礼として進上するという広告を出した場合に，その犬を連れてきた者がいた時は，広告者には10円を払う義務が生じるとする。まさに承諾者の登場（ただし，犬を連れてこないといけない）により支払いの決意ある場合ということなのであろう。それに対し，家屋を売却したいので所望の方はご一覧ありたしという広告を出した場合は，申込みの招きであって，買いたいという者が現れても契約は生じていないとする。そして，勧工場(かんこうば)に正札付きの物品がある場合，申込みではなく申込みの招きであるという。米商が店頭に1円に付き上白1斗5升と記載した札を出すのも申込みの招きであるとする。米は相場が替わるもので，未だ札を書き改めずに前の札を出しておくことがあるのであって，客を引くにすぎないからだという。このあたりは議論となり得るであろうが，聴講生が学びつつも一息入れることができる例を織り交ぜているあたりは，ツボを心得ていると言えるのではなかろうか。

　具体例はまだ続く。新聞紙上に汽車発着時間表を広告するのは，申込みか申込みの招きか。これは，言うまでもなく，現代においても行われていることで，時刻表を販売するとか，新聞やインターネットに発車（あるいは離陸）時刻を示すことは，日常，当然のこととして行われている。土方は，これがもし申込みであるとすれば，規則通り切符を買うと言えば契約が成立し（切符購入の意思表示が承諾となって，その時点で契約が成立するという趣旨であろう），時間通り発車しなければ違約となるが，これは申込みではなく，申込みの招きであるとする。そして，これに反するように見える近時の裁判例を紹介する。要約すると，原告はハルという

場所に行こうとして、鉄道会社の汽車発着時間表を見てハルでの用事を入れ、切符を買おうとしたところ、鉄道会社は切符を売らなかった。鉄道会社が言うには、なるほど広告はそうなっているけれども、ハルへ行く路線はすでに廃され、往復していないという。原告が鉄道会社に対して損害賠償の訴えを起こしたところ、被告は義務ありとされたという。この判決によれば、広告は申込みのように思われそうだが、その理由は明瞭ではないという。土方曰く、すでに廃された線路を存在するかのような広告を出したところに責(せめ)があるのであって、それを理由とした責任が発生することはあっても、広告を申込みと見た判決例と見るべきではない。廃線となった路線が時刻表に載っているということ自体、今日ではあまり考えられないけれども、ここに、不明瞭な裁判例を正しながら説明することで、受講生の実際の適用能力を養おうとする姿勢が見て取れるのではなかろうか。

　合意についての長い説明の後、ようやく約因の説明に入る。約因というのは、英語では「コンシデレーション」と言い、報償と訳すが、完全な訳字ではないという。約因は、「契約の原因」のことであって、契約の原因というのは、法律上約束をして契約の効あらしむるに必要な一原素であるという。わかりやすく言い換えると、約束をなす人の約束する理由、すなわち約束者の主旨と考えて大差がないとする。そして、単に理由と言うよりは区域が狭いとして、詳論に入る。約因の定義は法律には存在しないが、ある訴訟において裁判官が述べた言葉が役に立つとして、判決を引用して説明している。さらに、英法の約因とローマ法を継受したフランス民法の原由（コーズと言っている）との差異について説明を始める。こうした約因の一般的解説は、これまた難解である。

第7章　土方寧の「契約法」講義

その後，約因に関する規則を箇条書き形式で説明する。第1に，常種契約の成立には約因あることが必要だとして解説をしているが，流通証書（要するに手形）を使って解説をしており，受講生にとっては，理解が大変であったことだろう。約因は，法律上幾分かの価値あることが必要である旨を述べている点は興味深い。

5　契約の能力

　約因についての解説が終わると，次は，結約対手の能力という話題に移る。例えば，敵国人民とか，重罪の刑に処せられて服役中の者は契約を結ぶことができない。また，英国の僧侶には商業に関する結約の能力がないという。さらに，習慣法（今日であれば，慣習法ということであろう）によれば，代言人と依頼人との契約，医師と患者との契約も無効となるという。もっとも，条例により，あるいは制限を超過しない医師の報酬は受け取ってよいこととなったと述べている。医師や代言人の事務処理の無償性に関する問題であろう。代言人あるいは医師への委任契約（治療の依頼とか紛争処理の依頼）まで無効になることはないように思われるが。

　成年の問題もここで登場する。すなわち，英国では21歳で成年（講義録は「丁年」の語を用いている）と定められており，未丁年者には，契約締結の能力がないとする。未丁年者は丁年者と異なり，心身ともにまだ十分に発達していないから法律上特別に保護しないわけにはいかないという趣旨であると説明しているが，これは，今日の制限行為能力者の未成年者の制度と趣旨は全く同じであろう。さらに，幼者の契約についても説明し，幼者（何歳ぐらいまでのことを言うのかについては，残念ながら述べられていない）の

契約はことごとく無効であると言われることがあるが、一概に論定できないとし、法律は幼者の必要品に関する契約は有効としていることを解説している。わかりやすくするために、一言説明すれば、ここでの必要品とは、日常生活を送るに際しての日用品の意味と考えられる。もし必要品の契約も無効としてしまえば、幼者にとって契約の対手がいなくなってしまって（販売者にとっては、幼者相手に販売しても、後から無効と言われてしまうのは迷惑な話であって、それならはじめから幼者には売らない方が損失回避につながるのである）、かえって幼者にとって不便となるから、必要品については幼者にも能力を認めておくのがよいという説明は、これまた、今日の日用品契約の議論と全く同じである。そして、次に、何が必要品なのかの話題に移っていくあたりは、講義展開として非常に適切と言えよう。土方があげる具体例を紹介しよう。まず、幼者が熊の売買をした場合は、必要品でないことは明らかである。契約の目的物の性質上、必要品とならなくても、状況次第で必要品となることがある。例えば、あまり富有でない幼者が馬を買った場合、一見すると必要品の契約とは言えないが、この幼者が平生虚弱であって養生のために乗馬を医師より命ぜられていたという反証を裁判で出した時は、必要品となり得る。さらに、分量にも留意すべきで、「ブラックストン」の法律全書を1部購入して代金を払わなければ違約の責任があるが、すでにその全書を所有していて2部目を購入する時は必要品ではないとされることがある。必要か否かは、幼者の身分やその他の事情に照らして考えよ、というのが土方の説明である。熊の購入の例はその通りだとして、その他の例については十分な議論が必要であるが、いずれにしても、この講義は、今日でも十分、通用するのではあるまいか。

この後，結約の能力の拡張について触れており，会社と代理について説明している。特に代理についての冒頭の説明は，今日の民法総則の講義でなされる説明とほぼ同じである。

6 合意は真正完全自由であること

能力の話が終わると，今度は，合意が真正完全自由であることという話題に移る。はじめに，合意は完全自由でなければならず，そうでなければ，無効または取り消し得る契約となる旨を述べて，そうなる原因として5種類あるとする。すなわち，①錯誤，②詐偽，③虚示，④強迫，そして⑤威圧である。この5種の類似点および異なる点を説明するにあたってはポロックの説明が大いに有益であると土方は述べて，ポロックの論を解説する。ポロックは，合意が真正完全にしてかつ自由であることを妨げる原因として2種類あるとし，それが「不知」と「畏懼」であるとする。①から③が「不知」に分類され，④と⑤が「畏懼」に分類される。「不知」については，①錯誤が合意の真正なることを妨げるものであり，②と③は合意を不完全にする原因であるとする。こうして，これら5種の詳論に入っていく。これらは，今日の民法では，民法総則の中の意思表示の問題である。すなわち，心の中で思っていることと実際に表示したことが食い違っているとか，詐欺・強迫を受けたという場合で，総則の中の重要な難問である。土方は，どのように説明をしているか，興味深いところである。

まず，錯誤について。重大な錯誤があると合意の真正を害するから契約は成立しないとか，契約当事者の双方に錯誤があれば重

大ではない錯誤であっても契約は成立しない（契約を無効とすることが双方の利益となることを理由としている）といったことを指摘する。そして，重大な錯誤には4種類あるとする。第1が取引の性質に錯誤があった場合だという。この意味は明瞭とは言えないが，土方によれば，文字を読むことができない人が，第三者より土地の借賃免除の証書であると聞いて捺印証書を作為したら当該証書は土地に関する権利を放棄する証書であった場合に，裁判所は当該証書を無効と判決することになるという。そして，この第1の錯誤は極めて稀であるという。

　第2が結約対手に錯誤があった場合である。これは，相手を間違えた場合だという。物品の売買で代価さえ払ってくれればよいような時は，この種の錯誤は起こらないが，相手方がある格段なる人物を選ぶ場合には，この種の錯誤が起こり得るという。名人に書画を依頼したら，その門人とか他人が書いたという場合，対手に錯誤があったことになり，無効となる。さらに土方は例をあげる。甲が乙にある物品を売却するにあたり，乙が代理人をもって当該物品を領収することを決めておいた場合において，丙が甲乙間のこの約束を知って自ら甲のもとに行き，乙の（原文は甲となっているが，前後関係からして誤記であろう）代理人と言って当該物品を受け取った時，甲は乙に物品を渡すという義務を履行したことにならないし，甲丙間にも契約は成立していない。単に丙に刑法または私犯法上の責任があるだけである。この例は，今日の用語からすれば，乙の代わりに物品を受け取る者は「代理人」ではないから（その理由は，申込みか承諾の意思表示をするのが代理人であり，すでに乙は意思表示をしているから），用語としては不正確であるし，錯誤の問題ではないことも明らかである。ただ，受講生に対し

て，注意を促すという点では，かような例も講じておいた方がよいのであろう。

　第3が，契約の目的物の存在に関する錯誤である。これは，結約者双方がある物品が存在すると思量して結約したところ，当時，すでに目的物が存在しなかった場合で，売買契約の場合に多く発生するという。そして，土方は二つ適切な例があるとして，二つの例をあげている。一つ目の例は，甲が自己所有の穀物を乙に売却することにし，当時，その穀物はある港より船舶に積んで運搬中だったため，甲乙ともに穀物は船中にあると思量していたが，航海中に当該穀物が損傷し，着港の時には腐敗するおそれがあったため，船主が航海中にある港で売却してしまっており，甲乙ともにそのことを知らなかったというケースである。この場合，契約は生じないという。今一つは，甲が乙より丙の年金を購入する契約を結んだところ，当時，実は丙はすでに死亡しており，甲乙ともにその事実を知らずに丙が生きていると思っていたという場合に契約は成立していないという例があげられている。これらの例は，錯誤ではなく原始的不能として無効となるという議論も成り立つであろう。

　第4が，契約の目的物の種類に錯誤があった場合である。英法によると，目的物の種類に錯誤があれば契約は成立しないとされており，目的物の品位について錯誤があれば，売主が格段なる品位のものであるとの保証または条件を付したのでなければ契約の成立を害しないと，土方は解説している。詳細は売買法の講義で論じられるとしている。この種のケースが，錯誤においては最も難しいケースであろう。

　土方があげる具体例が，すべて今日，言うところの「錯誤」の問

題であるかは要検討課題ではあるが,少なくとも,英法に基づいて,具体例を多くあげながら解説しようとしているのは事実である。

このようなやり方で,以下,詐偽,虚示,強迫,威圧について説明している。いずれも,契約法の重要な箇所と考えられるため,丁寧な解説がなされていると評し得よう。

7　契約の適法性の要件

次に,契約の適法性の問題に移る。まず,不適法の契約の4種類を指摘する。すなわち,①条例をもって禁じた契約,②習慣法において不適法のものとする契約,③道徳に反する契約,④政略に反する契約である。

①は,今日,言うところの法律違反の場合である。興味深いのは,条例の中で,ある取引をする場合に罰金を科するがその取引を禁じていない時に,その取引が無効となるかという問題も論じていることである。今日の民法ならば,取締規定違反の契約という問題となるであろう。その次に,賭博契約について述べている。これは,不確定な事実が発生した時に,金銭とか財物を渡す契約である。この賭博契約と保険契約との比較も行っている。確かに,不確定なことの発生で金銭を払うという点で,両契約は性質が同じである。両者の違いとして,保険契約は有益だから有効で,賭博契約は有害だから無効と言うのは簡単だが,土方はさらに契約締結前のことについても考察をしている。すなわち,賭博の場合は,その締結前の両当事者には保護を要すべき利害関係はないが,保険の場合は,船舶なり積荷に関する利害の関係にある

から関係者において利益を保護しようとすることは正当なことであるとする。保険契約をすることで関係者が自己の利益を保護しようとしているから正当なのだと言っているわけである。このあたりの議論には，なるほど，と思わせるものがある。

②の習慣法において不適法な例としては，犯罪を犯すべき約束が出されている。また，習慣法上，婚姻できない親等の間柄にある者同士が婚姻すべき契約も無効となると述べている。習慣法が今日の慣習法・慣習の意味だとすれば，これらの例は，今日であれば，慣習法違反ではなく現行法違反ないしは公序良俗違反（民法90条）として無効となるので，この②の説明は興味深いものがある。

③の道徳に反する契約の例としては，男女の不品行に関する契約があげられている。夫妻にあらざる男女が将来，同居する契約は，道徳に反して無効であるとし，夫妻間において将来，別居すべき約束も道徳違反のため無効であると説明している。猥褻の図画や書籍の出版・売買も道徳違反で無効となるという。

④の政略に反する契約は3種類あるとして，まず，外交上に関する契約をあげる。土方によれば，敵国の臣民と通商したり契約を結ぶことは皇帝の特許を得た場合でない限り不法であり，和親国の臣民間で結んだ契約であっても履行前に開戦すれば履行を中止する結果となるという。2番目が，行政ならびに司法に関する契約である。官職の売買や俸給の譲渡は，行政上の害があるから無効であるという。何人にても犯罪をもって売買の種子としてはいけない。3番目が人の自由に関する契約である。まず，婚姻の自由を制限したりまたは害する傾向の契約は無効である。婚姻周旋の約束も婚姻の自由を妨げる傾向があるから無効であるとい

う。第三者が報酬を得て婚姻に干渉すると，双方の任意でない婚姻を結ばせるおそれがあるというのが理由である。今日のカップリングビジネスにとっては，十分，注意すべき指摘であろう。次に，商買（原文のママ）を制限する約束は公益を害するから無効である。

不適法の契約の効果についても土方は説明している。その中で，不法の契約に基づいてすでに渡した物品や金銭は，回復できない（つまり，返還請求できない）との指摘は興味深い。不法の目的がいまだ達成されなければ回復できるとする。

8 契約の効果，移転，消滅

この後，契約の結果（今日ならば，「効果」と言う）について説明している。その中で，代理についても解説しており，今日，民法総則で講じられることがここで述べられている。

その次は，契約の移転である。これは，難問であるから，受講生も理解が大変であっただろう。契約の相手方ではない第三者は，契約上の権利を得たり，義務を負ったりすることはないというのが，基本原則である。その例外について，ここで説明されているのである。

契約上の義務は，けっして他人に移転されることはない。しかし，義務者がどうしてもしなければならないという場合以外であれば，第三者にさせてもよいという。例として，甲が大工の乙に普通の椅子を注文したところ，乙はこれをつくらずに丙という大工につくらせて甲に渡した場合，甲は，乙がつくったのではないから受け取らないとか代金を払わないといった主張はできないと

いう。ところが，契約の事柄が熟練を要する時は，第三者になさしめることができない。例えば，有名な書家に書幅を依頼したところ，他人に代書させた時は，依頼人は代価を支払う義務がない。これらのケースは，旧義務者が他人に移転し，自ら責めを免れる場合ではない点で，移転の場合と混同してはならないと注意を促しているあたりは，緻密な展開であると言えよう。その後，権利者の承諾を得て義務を移転する更改について述べている。

次が，権利の移転についてである。習慣法により権利を移転することができる場合と衡平法により移転できる場合についての解説がなされている。そして，譲渡を譲受人(ゆずりうけにん)が義務者に対して通知せよとか，流通証書（手形）の場合には通知は不要であるとか，今日，言うところの債権譲渡に関する諸問題が講じられている。

最後に論じられているのが，契約の消滅について，すなわち，契約の解除についてである。土方によれば，解除の方法には5種類あり，①約束，②履行，③違約，④履行すべからざる事，そして⑤法律の作用である。今日，言うところの「契約の解除」よりも概念が広く，契約が消滅する場合がすべて「解除」と表現されていることになる。①の約束というのは，今日，言うところの合意解除である。②は履行であるから，今日であれば，債権の消滅の一原因ということになって，「解除」ではない。④は履行が不能となる場合である。不能の種類についても，一応，分けて説明がなされている。⑤の法律の作用というのは，法律に契約が消滅する旨の定めがある場合ということのようである（460丁以下）。例として，常種契約を結んでいたが捺印証書をつくれば常種契約は捺印契約に併呑(へいどん)せられて消滅するという。この場合を，「沈没」と言っているのは面白い。最後に③の違約について長い説明をし

ている。まさに，相手が義務を尽くさなかった場合であり，今日，言うところの解除の典型例である。違約損害要償（違約損害賠償の意味だろう）の訴権について，契約実行の訴権について，これらの訴権が消滅する場合について説明して，講義は終了する。

9　土方の講義の特徴とその評価

　土方の講義の特徴を述べるとすれば，以下の点をあげることができよう。まず，ローマ法，フランス民法，英国法における沿革的な議論が長く繰り広げられている。これは，今日の日本民法の講義は，少なくとも現行民法典が110年以上の歴史をもっているがゆえに，数え切れない判決や学説等が登場し，それらについて知らなければ，実際の法文について正確に理解できない状態となっているのに対し，明治18，19年には，民法の法文も存在せず，長い歴史をもつ西欧の沿革や法文を学ぶことが最重要課題だったという事情から，十分，理解できるところである。実際，今日の民法の講義では，ローマ法やフランス法，ドイツ法といった沿革について，それが重要であることは事実ではあるが，講じている時間がないのである（そのような沿革についての話で時間を費やすぐらいなら，日本における実際の裁判例について話す方が学生にとっては得るものが多い）。その代わり，すでに一度触れたことがあるが，聴講生にとっては，1年次に，聞き慣れない西欧の法学用語，それも翻訳された用語で我が国には未だ定着していない諸制度に関する用語が延々と羅列される講義は，非常に難解だったのではあるまいか。今までの短い人生の中で一度も登場したこともない人名や用語について，1文字も聞き漏らすまいと全神経を集中させて筆記

している姿が目に浮かぶ。しかし，翻って考えてみると，そのような講義だからこそ，すべての聴講生が必死になって手を動かし，五感で（味覚はともかくとして）真剣に学習するのであり，一人ひとりの力を伸ばすことができるのではあるまいか。印刷が容易になったり，電子機器の発達によって映像まで容易に利用できる昨今の講義の方が，一見わかりやすい講義のようでいて，実はそれはうわべだけのことであり，奥底では真に理解させることができず，実は学生の自ら伸びる力を喪失させているような気がしてならないのである。もちろん，口述筆記スタイルの講義の場合，書き間違いや文字の脱漏は起こる。その時，友人同士の情報交換と講義録が復習に大いに役立ったであろう。

　使われている法律用語が，今日の用語と異なる点も注目に値する。例えば，結約対手——契約締結の相手方の意味であろう，丁年——成年，未丁年——未成年，不為——不作為の意味であろう，要償——賠償，等々。これらについては，民法典ができ上がる前だからこそ，法学界における表記の統一がなされていなかったと評することができよう。

　この講義録には，残念な点も存在する。それは，原語の表記がない点である。ローマ法や英法における様々な制度について，ほとんどのものが日本語訳がなされて説明されているが，そこにカタカナのルビという形式で原語の読み方が付されている程度である。アルファベットによる表記があれば，一層良いものとなったであろう。土方が講義中に板書をしなかったからなのか。英語の発音だけで聴講生は原語がわかると土方が考えていたのだろうか。むしろ，逐一，原語を示すこと自体が丁寧すぎることなのであって，当時の教壇に立つ者は，当然のこととして，そのような

ことはしなかったのかもしれない。これは，判決例に基づいて説明すると言っておきながら，大抵は判決の出典が書かれていないことにも妥当する。少なくとも，後の復習の時には，事件名とか判決年月日などの最低限の情報がある方が，原文を見ることが可能となるから，非常に有益である。判決の事案については詳しく説明されていることもあるが，しかしこれらの最低限の情報があるだけで，また違った味が出たことであろう。

10　土方と民法典制定

　最後に，時間を先に進めよう。この講義の2年後，土方は，英国に留学し，帰国後，教授となり，法学博士の学位を受けた。大正11年（1922），貴族院議員に勅撰される。昭和14年（1939）5月，貴族院皇軍慰問団に参加し，北支に向かったところ，船中にて発病し，5月18日，天津にて永眠した。81歳であった。健啖家であり，足腰が丈夫で，だからこそ高齢なのに自ら慰問団に参加したのかもしれないが，これに参加しなければ，さらに長生きしていたのではないかと言われている。担当した講義科目としては，契約法の他，流通証書法があり（今日，言うところの手形法），会社法も講じている。中央大学では，設立以来，英法について講義しており，中央大学において英法が充実しているのは，土方の力によるものと言われている。貴族院議員としては，馬券の販売に終始一貫して反対しており，議長の注意を受けたこともあったという。また，民法典制定に際しては，法典調査会の一員として議論に参加している。

　すでに述べたように，土方は開校後2年間だけ契約法を講義し

て，英国に留学した。ところが，日本の法典編纂は，フランス法ないしはドイツ法に基づいてなされていったため，やがて，フランス法・ドイツ法の影響下でつくられた日本の法典（民法典）の講義が中心となっていく。とりわけ，ドイツ法の影響とそれへの民法学の傾倒は大きなものがあった。前述のように，土方自身，民法典の制定に際して法典調査会のメンバーであった。ところが，土方の理解が不十分であったがために，周りから無視されていったことがあったのである。以下，明治28年4月23日の第80回法典調査会議事速記録を見てみよう。

　この日は，契約の解除（前述の土方の言う意味の「解除」ではない）に関する法文の審議が行われた。その際，起草者である穂積陳重（英吉利法律学校創設者の一人である）がドイツ民法草案の影響を受けて起草した法文について，土方は十分，理解できておらず，土方は質問するも，周りから無視されていく様子が読み取れるのである。この日，土方は，13回発言をしているが，どうやら，ドイツ法ではない発想（例えばフランス流の発想）で質問をしており，周囲から鬱陶しがられている節がある。例えば，542条（現在の民法544条）について削除を提案するも，裁決の結果，削除説に賛成する者は少数で，議長の西園寺侯に「次ニ移リマス」と言われる始末である。そして，質問した事柄すべてについて起草者から回答を得られなくなり，挙げ句の果てに，土方の質問の直後に，（起草者の回答ではなく）別の委員（田部芳委員）が質問し，いつの間にか話題そらしが行われているように見えることまであった。最後の方で土方は，「起草委員ハ矢張リ独逸トノ趣意ハ違ハナイ御積リデアリマスカ」とまで質問して，やはりドイツなのかと最後の抵抗を試みているが，起草者穂積に「私ハ違ハヌ積リデアリマ

ス」と言われ、ドイツ法でいくんだと明言されてしまうのである。また時刻にも注目したい。すなわち、この日の議事が始まったのが午後4時20分、散会が午後8時17分となっている。午後6時40分から午後7時20分まで休憩しているものの、俗っぽい言い方になってしまうが、やはりどの委員もできれば早く終わらせたいという気持ちがあったのではあるまいか。そのような中で土方がドイツ法を十分、理解せずに質問していたのであるから、先に指摘した数々の対応となったことは、誤解を恐れずにあえて言ってしまえば、多くの委員が土方排除という気持ちで一致していたからなのではなかろうか。

　こうして、この土方の講義録とは異なる民法典ができ上がり、大学においても、それについての講義が主流となっていくのである。

Column 6. 16世紀ドイツの学識法曹——フィッヒアルト

　ヨハン・フィッヒアルト（Johann Fichard, 1512-1581）は，1512年，農民を祖父，裁判所書記を父として，フランクフルト・アム・マインに生まれた。裁判所書記の地位が低かったことから，父は，フィッヒアルトを地位の高い法律家にすることを望み，16歳の彼をハイデルベルク大学に入学させた。ここで，彼は，古典学や神学などとともに法学を学び，学位を取得した。

　19歳の時に故郷に戻った彼は，まずは都市の代言人（Advokat）となり，その2年後には，都市フランクフルトの法律顧問（Syndikus）となった。弱冠21歳にして，彼は父の望んだ最高位の法律家の地位についたのである。その後，遊学のため，一時，この地位を離れるが，26歳の時，さらに良い待遇で，法律顧問に再任される。29歳の時には，神聖ローマ皇帝カール5世から貴族の称号を与えられた。フィッヒアルトは，これ以後も，時に外交，時に司法に活躍し，これとあわせ多大な富を手に入れた。

　あまり出自の良くない彼が身分制度の枠を打ち破って貴族に列せられ，また経済的にも成功を収めることができたのは，ひとえに彼が大学法学部を卒業したからである。当時のヨーロッパには，国を超えて通用する普通法（ius commune）が形成されていた。これは，古代のローマで編纂されたローマ法大全をベースとするものであり，それぞれの領邦・都市の立法や慣習法とは別個に存在していた。そして，この知識を媒介する機関が各地の大学法学部であった。そのため，大学法学部を卒業し，普通法に通暁すると，様々な国や都市から高い地位で任用されるチャンスを得たのである。

第8章
進路

1　パンのための学問

　法律学が面白くてたまらないという話は、古今東西を問わず、あまり耳にしない。文学や哲学とは異なり、法律学そのものに興味があり、この学問を学ぶ者は少ないのである。むしろ、この学問を使って仕事を得るために、この学問を学ぶ者の方が圧倒的に多い。少々古い話になるが、古代ローマのネロ帝時代に書かれた小説（サテュリコン）の中で、元奴隷の大富豪に次のように語らせている。

　　それでわしは最近、子供に赤表紙の本を何冊か買ってやった。彼が法律の趣味でもいくらか身につけ、家の役にたててくれたらと思ったからだ。これなら生計がたつからな。ところが倅は文学趣味にすっかり汚染されとるのだ。もし倅が法学に尻ごみするなら、技を身につけさせよう。床屋か競売人か、せめて法廷弁護人の職を学ばせようと決めた。このような実技なら、死神オルクス以外、倅から奪うことはできまい。（ペトロニウス（国原吉之助訳）『サテュリコン』岩波文庫より）

　時代は下って18世紀末のドイツ。「群盗」で有名な劇作家シラー（F.C.S. Schiller, 1864-1937）は、イェナ大学での教授就任演説の中で、医学者、神学者とあわせ、法学者を「パンの学者」と称し、次のように述べている。

　　彼ら（パンの学者）は、己の思想の宝に己の酬いを求めない—己の酬いを他人の称賛、名誉の地位、給与から期待する。このことが失敗するならば、パンの学者より不幸な者がほかにあろうか。彼らは無駄に生き、夜を明かし、働いたことになる。もしも彼らのために真理が転じて、黄金となり、新聞の讃辞となり、王侯の

恩寵となることがないとするならば、彼らが真理を探究したのも無駄となる。（シラー大学就任演説「世界史とは何か、また何のためにこれを学ぶか」新開良三他訳『シラー』世界文学体系所収）

　法学には、職を得るための学問というイメージがつきまとっている。事実、今日の大学法学部学生の多くも、この学問そのものへの憧憬というよりも、この学問を修得したことで得られる職業に魅力を感じて勉学に励んでいる。

　今日の法学部学生には、二大目標とも言うべき進路がある。それは、国家公務員第１種試験と、司法試験である。キャリア組と呼ばれる高級官僚になるには、前者の試験に合格し、各省庁により採用されることが求められる。この二つの関門の突破は、けっして容易ではないが、その反面、ここを通過しさえすれば、他の採用形態で入った者より様々な点で、生涯にわたって優遇される。

　もう一つの司法試験は、裁判官・検察官・弁護士になるための試験である。この試験に合格した者は、司法修習生になることができ、その研修の最後に実施される試験に合格すれば、法曹資格を与えられる。この資格を得た者から、裁判官、検察官は採用される。

　それでは、英吉利法律学校ができた頃はどうであったのであろうか。まずは、キャリア組の官僚から見ていくことにしよう。

2　高等文官行政職

　少々意外ではあるが、明治10年代には、行政に携わる高級官僚を採用するための試験は存在しない。

　江戸時代、今日のキャリア官僚に相当する職には、専ら高位の

旗本が就いていた。幕末になると,より低い身分からの大抜擢もあったが,それはあくまでも例外的でしかない。中国の科挙のように,広く誰でも受験可能な人材登用システムは存在しなかった。

　明治になり,状況は大きく変わる。将軍直参の旗本でなくとも,また武士・士族でなくとも,中央政府の役人になることが可能となった。しかし,明治初年から10年代までは,薩摩・長州をはじめとする藩閥政治が繰り広げられ,官吏登用もその枠内で行われており,客観的な評価方法を用いた人材選抜システムは整備されてはいなかった。それどころか,官僚の候補者を養成する教育システムすら存在していなかった。

　東京大学法学部の創立は明治11年（1878）である。しかし,この学校は,この時点では,今の同名の学校とは似ても似つかないものである。教師の数は2名から4名程度にすぎず,学生も1学年10名程度でしかない。さらに,卒業後の身分保障もなかった。卒業生の数少ない特権は,代言人資格の無試験での取得であった。それでは,司法省法学校はというと,これは,その名の示す通り,司法省直轄下で,判事・検事という司法官を養成する学校であって,行政官の養成はその目的となってはいない。この他,工部大学校や陸・海軍の学校はあるが,それらも,それぞれの省庁に特化した人材養成学校であるにすぎない。

　「明治14年の政変」の後,政府の中心的存在になった伊藤博文は,漸進的な国会開設に向けての動きを始める。彼は,それと連動する形で,強固な官僚制システムの構築を目指すことになるが,そのためには,官僚の登用制度,そしてその前提となる教育機関の整備が必要不可欠であった。

そこで、伊藤の主導の下、明治20年、文官試補及見習規則が制定された。これにより、当時の高級官僚である奏任官になるための高等試験が導入された。また、東京大学改め帝国大学の法学部を、実質的には官僚養成のための学校として位置づけ、この学校の卒業生には、高等試験を受けることなく、奏任官となる特権を与えた。この改革の趣旨は、帝国大学法学部の卒業生を、優先的に高級官僚とし、不足する員数をその他の私立の学校から確保しようとするところにあった。

この制度改革を受け、明治21年、文官試補の採用が始まった。ところが、文官試補の定数は、帝国大学（東京大学）卒業生ですべて埋まってしまい、高等試験による採用者は一人もいなかった。採用された17名全員が帝国大学卒業生であった。2年目は4名の試験合格者を出すも、3年目には再びゼロとなってしまう。結局のところ、無試験特権を有する帝国大学卒業生により定数のほとんどが占められてしまい、私立法学校卒業生には、ほとんどチャンスがめぐってきてはいない。

この状況には、この後、批判が高まり、明治26年には帝国大学生の無試験特権は廃止されるが、花井ら英吉利法律学校1期生にしてみれば、それはまだはるか先のことである。事実上、彼らにはキャリア組の行政官になる道は、開かれていなかったのである。

3　判事・検事

ここまで度々話題に出てきた司法省法学校は、司法省独自の判事・検事養成のための学校である。これは早くも明治5年（1872）

に産声をあげている。しかし、この学校は、入学から卒業まで8年かかり、さらに4年に一度だけ新入生を迎えるという形態をとっている。そのため、この学校の初の卒業生（47名）は明治12年に輩出されており、その次の卒業生（101名）は明治16年まで待たねばならなかった。

　明治10年代は、日本の欧米型司法制度が急ピッチで進められていた時期であり、それを担う人材として、平均、1年に100名程度の採用が必要であった。したがって、司法省法学校のみでは、到底、この需要を満たすことはできない。明治11年より、東京大学法学部が卒業生を輩出するが、その数は1年に10名足らずであり、さらにここから司法官になったものは少ない。明治10年代後半には、司法官の養成が急務であった。そこで東京大学では、別課法学科を、司法省では速成課を設けるも、両者ともうまくいかない。

　まさしくこの頃、この不足を埋めるべく誕生したのが私立の法学校であり、英吉利法律学校も、その一つである。そもそも自発的につくられたこれらの学校を、明治政府は、自ら十分に行うことのできない人材養成を行う、言わば下請け的存在として利用することになる。

　明治17年、判事登用規則が制定された。これにより、司法省法学校と東京大学の卒業生でなくとも、試験により、判事・検事になる道が開かれた。この試験は、明治18年と19年には1回ずつ、明治20年には2回行われ、あわせて682名が合格した。

　この試験とは別に、いくつかの私立の法学校に、とある特権が与えられた。それは、卒業生に、判事登用試験を経ずに任官する資格を与えることである。したがって、この特権を受ける卒業生

は，官立学校の卒業生と同じ地位に立つことになる。ただし，これらの学校の卒業生全員がこの特権を有したわけではない。帝国大学が実施する試験を受けて合格した卒業生のみである。また，その前提として，学校そのものが帝国大学の監督下に置かれ，教育内容・試験について，そのコントロールに服することが条件となっていた。

この特権を受けた学校は，英吉利法律学校，明治法律学校，東京法学校，専修学校，東京専門学校の5校であった。明治20年に帝国大学で行われた試験に，それぞれ，13名，20名，14名，12名，12名，あわせて71名を受験者として送り出した。結果は，18名が合格となった。英吉利法律学校の受験者からは4名が合格した。

しかし，この試験が実施されたのは，1年だけであった。明治20年の時点では，花井ら1期生はまだ2年次である。彼らが卒業を迎えた時，この制度は廃止され，前述の高等試験の枠内で，司法官の採用もまた行われることになった。

前述のように，帝国大学卒業生は，無試験で奏任官の候補者として容認された。これ以外の学校の卒業生は，高等試験を受けねばならなかったが，この試験は，誰にでも受験資格があったわけではない。まず，出身の学校が「特別認可学校」に指定されていること，そして受験生自身がその学校の「特別認可生」であることが求められた。そして，この特別認可生になるためには，おおよそのところ，中学校卒業か，それと同等程度の学力があることが求められた。この特別認可学校の指定を受けたのは，英吉利法律学校をはじめとする前記5校の他，獨逸学協会学校（現在の獨協大学），東京仏学校の計7校であった。

第8章 | 進 路

英吉利法律学校では、こうした制度改革を受け、明治21年に学則を改め、定員300名の特別認可生コースを発足させた。その第1期生は明治22年に卒業するが、これは花井の学年の次の学年にあたる。こうして見てみると、花井ら1期生は、変転する国の政策に翻弄されている。彼らの1期上には、帝国大学での試験を通じた無試験任用の道があり、1期下からは高等試験の受験が可能となった。彼の卒業する時は、まさしく制度のはざまにあったのである。

　ちなみに、行政官と異なり、司法官は、帝国大学卒業生でその定員が埋まることはなく、毎年、高等試験が実施され、私立学校からも順調に合格者が出ていくことになる。

4　弁護士（代言人）

　ヨーロッパ法の歴史の中では、国家権力と一定の距離をとって活動する在野法曹の存在感は、とても大きなものがある。そもそも、それぞれの国家が法律家を養成するという感覚は少ない。法律家は、むしろ、先輩たちからの指導、あるいは大学という自由独立の機関で養成されるものである。そして、こうした法律家たちが各国の裁判所や官房、あるいは議会などで活動し、法の発展に大いなる寄与を果たした。

　これに対し、東アジア諸国には、そもそもこうした伝統は存在しない。確かに、江戸時代にも、訴訟のサポートをする公事師なる存在はいたが、その社会的地位は低く、到底、法の形成・発展に寄与する誇り高い存在ではなかった。

　明治時代になり、欧米流の司法制度を取り入れることになる

と、これとあわせ在野法律家、すなわち弁護士（代言人）もまた必要になってきた。そこで、明治9年（1876）、代言人規則が制定され、各裁判所ごとに免許が希望者に発給されるものとなった。すなわち、各地方の裁判所ごとに資格付与がなされた。この免許は1年ごとに更新を要するものであり、発給した裁判所のみでしか有効ではなった。また、無理もないことではあるが、発給の際の審査では、欧米流の法学上の素養の有無ではなく、品行や履歴のよろしさが問題となった。

代言人制度が本格的に整備されるのは明治13年になってからのことである。この年、代言人になるための試験が中央政府の下で行われることになった。そして、この試験の合格者には、日本全国の裁判所で活動する資格が与えられた。試験は司法省が実施し、民事法、刑事法、訴訟手続、および裁判に関する科目を受験することが求められた。この制度改革により、代言人の数は増加し、明治12年には全国で149名であったところ、13年には799名、14年には818名、15年には1015名と増加していく。

もともと訴訟のサポートをする仕事というものは、日本の伝統的法意識の下では、さほど高級な仕事とは認識されてはいなかった。そのため、代言人の社会的地位も、当初、さほど高いわけではなかった。その代言人の社会的なイメージアップに大きな貢献をしたのが、明治10年代、東京大学法学部出身の学士たちが多数代言人となったことである。東京大学法学部卒業生には、明治11年より無試験での資格取得が認められる。そして、同11年の卒業生6名中、実に3名が代言人となった。また、次年度以降も、卒業生から代言人となるものが続出する。結局、東京大学法学部の当初9年間の卒業生62名中、実に14名が代言人となるの

である。この人たちは，英吉利法律学校の創立，運営の中心になった人たちでもある。

　花井ら英吉利法律学校1期生にとって，代言人という仕事は，自らの師匠たちの職であった。校長の増島六一郎は，誇り高いバリストル・代言人である。開校式で演説をした高橋一勝も代言人である。その他16名中，実に6名が代言人であった。さらに，創立時は司法省の役人であった菊池武夫らも，その後，代言人に転ずる。花井ら1期生にとって，代言人は，英米流の法律家という，まさしく新時代に相応しい輝ける仕事に映っていたに違いない。

　花井が目指したのも，あるいは目指さざるを得なかったのも，この代言人であった。明治21年に卒業した彼は，母校の講義録や雑誌の編集のアルバイトをしながら勉学を続け，明治23年，代言人試験に合格する。この年，出願者は2113名。合格したのは，花井を含め134名，合格率わずか6パーセントの難関突破であった。

Column 7. 怠惰な法学徒──ゲーテ

　ヨハン・ヴォルフガング・ゲーテ（Johann Wolfgang Goethe, 1749-1832），偉大なるドイツの文豪のこの名前を聞いたことがない者はいないであろう。しかし，彼が大学法学部で学位を取得した法律家であったことは，あまり知られてはいないようである。ゲーテは，シュトラースブルクで法学を学び，学位取得後，弁護士として活動している。

　大学時代のゲーテは，あまり良い法学徒ではなかった。法学の講義に退屈し，やがて学ぶ意欲を失ってしまった。しかし，これでは困るので，ゲーテは，ドクトル・ザルツマンという補習教師に相談に行ったところ，ザルツマンは，次のように答えた。

> 試験を受けるだけなら，至って簡単なことです。……ある法律がどのようにしてどこで成立したか，その内的外的誘因が何であったかは問題にされません。また時代や慣習によってどのように変化したか，どの程度まで誤った解釈によって，あるいは，誤った裁判所の慣例によって，時には真反対のものになってしまったかが問われることもありません。そのような研究には学者が生涯を捧げているのです。しかしわれわれは現に行われているものを問題にし，われわれの訴訟依頼人の利益や保護のために利用しようと思う時，即座にそれが頭に浮かぶようにしっかりと記憶しておくのです。そのためわれわれは，当面の生活に必要なものだけを若い人に教えるのです。その後のことはその人の才能と努力次第ということです。

　ゲーテがこのアドバイスを受けて発奮したというわけではない。古典学や歴史を通じた法の形成といったものに彼は関心があったようであるが，こういった関心の追究を棚にあげ，とりあえず学位を取得という当面の目標をクリアすることだけにゲーテは専念し，何とかこの目標をクリアした。

　ゲーテが学んだ当時のドイツの大学法学部は，学生の知的好奇心を刺激し，学問の世界に精神を解放していくという雰囲気ではなかったようである。実際，法学の歴史として見てみて

も，この時代のドイツの法学はさほどの成果をあげてはいない。19世紀になると，ドイツの法学が大きく変化し，国の枠を超えて様々な人々に影響を与えるようになるが，それには次のコラムで見るサヴィニーの出現を待たねばならなかった。

第 9 章

卒業（明治22年2月7日と11日）

1　卒業式兼校舎増築落成式

　明治22年（1889）2月7日，卒業式兼校舎増築落成式が挙行された。第3回を迎えるこの卒業式は，英吉利法律学校で1年級から学んだ生徒の最初の卒業式であった。実は，前年の9月に卒業証書は授与されていたが，新校舎の落成式まで卒業式は延期されていたのである。

　この卒業式について，『法学協会雑誌』（59号）は「本月7日午後4時より同校構内に於て内外貴顕紳士を招請し卒業証書受典式兼校舎増築落成式を挙行せり」と伝えている。さらに岡村講師，増島校長，アメリカ公使ハッバード，箕作司法次官による演説，鳥居鎪次郎の答辞があったことを伝えている。

　この卒業式を最も詳しく報じたのは，意外にも英字紙の『ジャパン・ウィークリー・メール』（以下当時の通称である『横浜メール』）であった。2月23日付の同紙からは，上記以外の貴顕紳士が，山尾子爵，イギリス領事トロウプ，神奈川イギリス裁判所判事ジェイミーソン，イギリスバリストルラウダー，司法省顧問カークード，そして内閣顧問ピゴットであったことがわかるのである。またこの記事は，煉瓦造りの威風堂々たる校舎や卒業式の様子のみならず，1個の特集のような形で，英吉利法律学校の沿革を伝え，さらには当日行われた，岡村，増島，ハッバードおよび鳥居の演説・答辞を実に3面にわたって掲載している。このことは，当時の外国人社会において英吉利法律学校がいかに注目されていたかを物語るものと言えよう。

　次に，岡村輝彦と増島六一郎の祝辞を翻訳・掲載しておきたい。

岡村輝彦の祝辞

　本校の設立が，幾人かの帝国大学卒業生の尽力に負うものであって，1885年6月ついに彼らがその設立を成し遂げ，本校が今日われらが知る姿となっていることは，今更述べるまでもない。また，1887年12月までの本校に関する事柄については，卒業式の都度詳しく述べられており，これも言及の必要はない。しかしながら，1888年1月以降の出来事に関しては，簡潔に報告を行う必要がある。

　1月には，新校舎の建築工事が完成し，翌2月には，竣工式と入学式があわせて挙行された。5月には，本校に対する帝国大学総長の監督が解かれた旨の通達を受けた。7月には，文部大臣が正式に本校を特別認可学校となし，11月には，英語予備科が設置されたが，これは法律を修めようとする者のみならず法律以外の学問を修めようとする者に対し，英語の講義を行おうとしたものである。生徒数の増加から必要となった増築は，10月に起工し，12月に竣工した。

　さて，本校が衰えたか，あるいは盛んとなったかを諸君が判定するために，本校の現況を論じたい。本校の現在の生徒総数は4786名であるが，このうち，校内生は1657名，講義録の頒布を受ける校外生は3123名である。1885年9月には邦語科の生徒数は90名であったが，現在は1056名を数え，966名の増加である。1886年6月には英語科の生徒数は40名であったが，現在は1406名であり，1366名の増加である。1885年7月の校外生生徒数は420名であったところ，現在3123名であり，2703名の増加である。卒業生に目を転じれば，1886年7月に4名，87年10月に18名，88年7月に51名となっている。現在の講師数は，法律

44名，英語12名である。蔵書は19124冊（総額2万5518円66銭）に達し，内訳は，原書14930冊，和書4194冊である。

　周知の通り，本校の主たる目的は，英米法律の長所たる法の実地応用の習練である。まさにこの目的のために，一連の方策がとられたと言っても過言ではないと思われる。すなわち，第1は，校外生課程の設置であり，第2は，原語による法律講義を確立し，生徒の利用に供するために原書を翻刻したことである。第3は，英語予備科の設置であり，第4は，法律書庫を設置し，これによって幾千の貴重書を生徒の閲覧に供したことである。これらの方策はすべて大いなる成功を収めている。他の学校などは，とりわけ，校外生制度，講義録の出版，原語による法律学習，そして教科書の翻刻において，本校の模倣を行ってさえいる。このことは，われわれが正しく善い方法をとってきたことばかりか，われわれが本校の生徒のみならず他校の生徒にも恩恵を施していることの証左であるように思われる。

　しかし，われわれはこうした実績に満足してはならない。あらゆる面において好ましく思われる方向への改良の努力を怠ってはならない。われわれがあらゆる点において，国民の称賛と他校の模倣の的となることを信ずるものである。

校長増島の祝辞

　諸君。慣例にならい，国籍を異にする本日の聴衆に対し，英語によって演説を行う。諸君も即座にわかる通り，本校生徒には英語の演説に対する十分な理解力を修得した者が少なくないことを知ることは，私にとって満足の極みである。やり甲斐のある職務をようやくここにまっとうしたが，こうした職務に従事したこ

と，そして，今，実際の生活を始めようとする卒業生を世に送り出すことは私にとって欣快の至りである。

諸君に対して——もし許されるのであれば——一言しないわけにはいかないことがある。思うに，教育の目的は，品位を尊きものとなし，美徳を高め，精神の諸力を練磨することにある。いかなる学科であれ体系的な教育というものは，こうした結果を導くものである。卒業生諸君が，本校で積んだ鍛錬によってどの程度の成果を得たかについては，来るべき数年の仕事ぶりによって明らかとなろう。諸君が常に心に銘記すべきものが一つあるとすれば，それは責任の観念である。これは法律家が用いる狭義の意味での責任ではなくして，社会の構成員としての社会的責任のことである。

諸君が高きに登れば登るほど，この意味での責任はますます大きくなり，また，諸君もその重大さをいよいよ痛感することであろう。何となれば，諸君のように学識ある者は，重大なる責任を負うことになるのである。諸君は自らの行いと品格の高潔さをもって，諸君が費消した歳月と諸君が修得した学問が意義あるものであったことを実証しなければならない。諸君は，他の人々，とりわけ姉妹校の生徒の模範とならなければならない。そして，私立法律学校の先駆けたる本校の名誉ある地位を保持しなければならない。諸君は，間もなく公然発布の運びとなる憲法の奴隷となるのでなく，あらゆる利益と権利の擁護者とならねばならない。諸君が，帝国の一員として，また，偉大なる君主の啓蒙の御代を築き上げる一人として，末長く，有意義で，気高い人生を享受されることを希望する。

まずは，己の身を利し，その上で，国家に益することを希望す

る。諸君がどこまでこれを成し遂げられるかは，後日の活躍によって定まることになろう。

2　帝国憲法発布

　卒業式の4日後の2月11日，帝国憲法が発布された。明治維新後わずか二十余年で日本は欧米型の近代国家の装いをまといつつ，天皇を中心とする国家体制の礎を固めた。

　2月11日には宮中にて憲法発布の式典が執り行われた。この憲法は国民の総意でもって制定されたとする現在の憲法とは異なり，天皇が定めたものとなっている。そのため，式典では天皇が内閣総理大臣にこれを授けるという形式がとられた。午前10時半，この式典の終了を知らせる101発の号砲が東京に鳴り響いた。午後1時，青山練兵場（後の明治神宮外苑）で行われる観兵式に出席する明治天皇を乗せた馬車が二重橋を渡った。その時，沿道に参列していた帝国大学をはじめとする官立学校の学生たちが「天皇陛下バンザイ」と唱和した。これが後に日本中に広がるこの掛け声の始まりと言われている。2月11日の東京は，山王祭，神田祭，天長節をあわせたかのようなお祭り騒ぎであったと伝わるが，今日の視点からすると，その後の暗い歴史の出発点のようにも思える。

　この日，英吉利法律学校では憲法発布を祝し，行軍祝式を実施した。雪が降りしきる中，これに参加したのは，英吉利法律学校と東京英語学校の学生あわせて3000人。これを率いる御大将はわれらがバリストル増島六一郎である。学生は紅白のたすきをかけ，手には小旗をもつ。御大将は頭には星兜ならぬバリストル

の兜をかぶり、体には赤糸織の鎧ならぬバリストルの法服をまとい、栗毛の馬にまたがり一同を見回す。午前9時、この一隊は「英吉利法律学校万歳」をまずは三唱し、新築の煉瓦造りの校舎を後にした。

バリストルに率いられた一隊は丘の上のニコライ堂を左に見つつ万世橋を目指す。そして、ここから鉄道馬車の軌道に沿って中央通り（銀座通り）を銀座方面に向け南下する。日本橋にやがてさしかかろうという時、宮城の方より鳴り響く号砲を聞き学生たちは喝采をあげた。江戸から続く繁華街を抜け、明治になりつくられた銀座の煉瓦街を抜け、一隊は新橋ステーション近くにある増島の法律事務所に向かう。ここで「校長万歳」を繰り返した後、数寄屋橋を渡りかつての南町奉行所の横を通り、東京始審裁判所に至り、その前で一同、「日本裁判所万歳」と唱和する。憲法発布の記念日に裁判所前で万歳を唱えるこの行程は、いかにもイギリス法を学んでいる学校らしい。最後に一隊は宮城に行き、「宝寿万歳」「国運長久」と5、6回斉唱した後、校舎へと戻った。

神田錦町の学校に戻った後、増島は、バリストルの装いを整えた後、再び馬上の人となり、大勢の生徒に向けて演説した。その中で、増島は、「今日、畏くも憲法を頂戴したことは、めでたいことであり、ありがたいことであるが、憲法発布は、ちょうど10年早すぎたと言うべき」と述べた。これに対し、校長の言葉でも聞き捨てならんと感じたのか、壮士気取りの生徒たちは、増島校長にくってかかった。この時の様子は、「生徒一統、怒を発し、否否の声止まず」と伝えられている。この生徒たちに増島は言う。「諸君たちのように、維新以後の教育を受けた人が、その本来の責任の何たるかを感得することができる時がくるのに先立

つこと10年なのである」。そして,「まずは,自らの学を務め,身を修め,各人がその自ら得たところの位置・信用により,他人の世話をすることのできるよう,身の定まった上で,憲法の命ずるところにしたがい,真に国民たるべき者の責任をつくせ」と説いた。不満をもった学生も,この言葉に我が意を得たりと満足した。

　法典は,つくりさえすればよいというものではない。それを動かす人が必要である。その人を育てることに英吉利法律学校創立の目的があった。そして,その卒業生が一人前の法律家となるのに,卒業後10年はどうしてもかかる。そのための時間が必要ということは,増島の行動からすると,当然のことと言えよう。

Column 8.　新たな法学の創設者──サヴィニー

　サヴィニー（Friedrich Karl von Savigny, 1779-1861）は，フランクフルトの富裕な貴族の家に生まれ，16歳でマールブルク大学に入学し，21歳で学位を得る。その後，母校の私講師，外教授を経て29歳の時，ランズフート大学のローマ法担任教授となる。さらに，31歳の時，フンボルト（Karl Wilhelm von Humboldt）に招かれ，ベルリン大学の創立委員となり，33歳にしてベルリン大学総長となる。

　彼の青年時代は，フランスで大革命が勃発し，その後ナポレオンがドイツ諸国を含むヨーロッパ諸国の間に戦乱を引き起こした時代であった。彼の生まれ故郷のフランクフルトもこの動乱に巻き込まれた。1814年，ナポレオンが失脚し，ドイツ諸国にかつての秩序が回復した時，ドイツの法律家の間で，フランス民法典にならった形で，ドイツ諸国が共通して用いる民法典を編纂しようという提案がなされた。

　サヴィニーは，この提案に，断固として反対する。彼は，ドイツ諸国に共通する民法典の編纂そのもの反対したわけではない。しかし，フランスにならった形での法典編纂に反対したのである。ことにフランス民法典が普遍的な法である自然法を体現したものであり，当然にドイツ諸国でも通用し得るという見解に激しく反対する。そして，法典はドイツ人自らの手で，ドイツの民族精神を体現する形で編纂されねばならないが，現在のドイツの法学は，それを行うことができるレベルに達してはいないとして，現時点での法典編纂に反対したのである。

　サヴィニーは，自らのこの主張を実現すべく，その後，ドイツの法学のレベルの向上に務める。特に彼は，ローマ法の原点に立ち返り，法の歴史的発展を明らかにし，そしてその成果を現代に生かす道を模索する。そして，彼を出発点として形成された学派の法学研究者たちの成果が1900年にドイツ民法典として結実することになる。

エピローグ

1　明治25年4月

　明治25年（1892）4月10日，午前1時頃，神田猿楽町一番地，めし屋宮本周蔵方より火の手があがった。おりからの強風にあおられ，火は東側へと広がり，小川町，錦町のほぼ全域を焼きつくした。翌11日の読売新聞が伝えるところによると，焼死者は数十名に及んだ。この大火により，東京法学院の校舎も全焼した。増島六一郎たちが思いを込めた，総煉瓦造りの本格的西洋建築は，完成よりわずか3年にして失われてしまった。

　この学校が大火により受けた打撃は計り知れないものがある。しかし，これにより学校が行き詰まることはなく，すぐに再建に向けた動きが始まる。大火のわずか数日後の読売新聞は，次のように伝えている。

東京法学院の新築

　碧瓦赤壁さしも堅固の同校も，猛火のために焼けうせしが，元来，同校は，英国ロンドンの会社より，3万円の火災保険あれば，不日，適当なる地を卜して，新築に着手する由。なお授業も二，三日のうちに始まる都合という。

　本書冒頭に掲げた写真からもわかる通り，明治20年初頭の東京は，まだ江戸の町並みが残っている。江戸では，しばしば大火が起こり，火事と喧嘩は江戸の華と称されるほどであった。したがって，江戸の人々の感覚からすると，三つの町を焼きつくす大火にしても，空前絶後の大災害というわけではなかったのかもしれない。そうであればこその火事の備えであろうが，ロンドンの保険会社の火災保険とは，何とも英吉利法律学校らしい話である。

2　明治22年から明治25年の動き

　明治22年5月,開成学校・東京大学・帝国大学の卒業生で構成される法学士会が「法典編纂に関する法学士会の意見」を発表した。政府では,ボアソナードに民法典の起草を依頼し,同氏の原案に若干の修正を加えた民法典を公布すべく,作業が急ピッチで進められていた。その終盤になり,いよいよ公表という時期に至り,この意見書が出された。

　法学士会は,「今日においては,必要不可欠のものに限り,単行の法律でもってこれを規定し,法典全部の完成は,しばらく民情風俗の定まるのを待つべきである」という。これは,明確に,ボアソナード起草の民法典の施行に反対するものである。そして,仮に民法典をつくるということであっても,草案のままでこれを公にし,一定の時間を置いて,広く人々の意見を聞き,そして修正を加えた上で,完成させるべきという。

　この意見書が発端となって,いわゆる法典論争に火がつくことになる。この意見書については,主要紙のほとんどがその全文を掲載しており,これが法学界,官界のみの関心事のみならず,一般の高い関心を引いていたことがうかがわれる。この意見書に対しては,ボアソナードが教鞭をとっていた司法省法学校の出身者を中心に,断固,同法典を施行すべきとの反論が出され,以後,両派の間で激しい論戦が繰り広げられることになる。

　英吉利法律学校校長増島六一郎もこの論争に参戦している。彼は,『法学協会雑誌』(62号)に「法学士会ノ決議ヲ聞ク」を,次いで『法理精華』(11号)に「法学士会ノ意見ヲ論ス」をそれぞれ発表し,自らの持論である教育論を加味しながら,法学士会の

立場を支持している。増島は,五大法律学校の卒業生について述べ,「彼らは,単に卒業しただけであって,まだ英・仏の法律より得た知識をとって,我が国のものとする実験を得てはいない」という。そして,法律が完備しても,これを適用できる練達がいなければ,「いたずらに人民に,その遵守にあたって苦しみを与えてしまう」のであり,人材育成の観点からも,「わが国では,まだ法典編纂の時期が到来してはいないことは明らかである」という。さらに,増島は,「日本人は,徹頭徹尾,日本人をもって完徹すべきものであって,欧米の文明を輸入するにあたっては,これを完全に模倣するのではなく,単にこれを借用し,本邦人の本邦に適合する開化をつくり出すべきものである」という。

明治22年10月,英吉利法律学校は,校名を「東京法学院」と改称する。増島は,東京医学校,東京文学院と合併し,医学部,文学部,法学部からなる私立の総合大学の創設を構想した。そして,この大学の名称を「東京学院」とし,その前段階として,英吉利法律学校の校名を改め,設置準備のための事務所を錦町の校舎内に置いたのである。しかし,東京法学院の教員たちは,この時,民法施行延期に向けた論争に必死になっており,この構想は実現には至らなかった。

明治24年4月,増島は,突如,校長を辞任する。表向きは,本業である弁護士業が多忙を極めたとのことであるが,裏に何かありそうである。しかし,残念ながら,彼自身,事の顛末を全く語っておらず,詳しいことはわからない。彼が手塩にかけた原書科も,これ以後,斜陽となっていく。

3　東京法学院のその後

　明治25年（1892）8月，新校舎が落成した。神田大火後わずか4カ月足らずの再建であった。ロンドンの保険会社からの保険金があってこその早期再建であった。しかし，事情が事情とはいえ，新校舎は，その規模，華やかさといった点で旧校舎に劣るものでしかなかった。

　再建の途上，ボアソナードのつくった民法典の施行の延期をめぐる論争に決着がついた。帝国議会が民法の施行延期を決定したのである。東京大学卒業生を中心とした延期派の勝利であった。これは同時に，東京法学院の勝利でもあった。しかし，この勝利は，フランス法を押しのけてイギリス法が台頭することを意味するものではなかった。施行延期を受け，民法の修正作業が開始されることになるが，その修正は，ドイツ法に大きく依拠したものとなる。また，法学教育の場でも，ドイツ法の重要性が高まっていく。

　明治26年，旧民法の修正のため，法典調査会が設置された。これは，内閣直属の機関であり，首相の伊藤博文が総裁となり，主査委員18名，査定委員21名が選任された。そして，主査委員の中の3名が起草委員となり修正のための原案を作成することになった。この中の筆頭が穂積陳重である。また，委員の中には，菊池武夫，元田肇，土方寧，岡村輝彦，山田喜之助，奥田義人，江木衷といった英吉利法律学校関係者の名前を見出すことができる。このような体制の下，旧民法の修正は急ピッチで進められ，明治29年，総則編，物権編，債権編の3編が帝国議会を経て公布された。残る親族・相続編は，明治31年に公布される。この

うち，親族・相続編は，戦後の改革で大幅な改正を受けることになるが，前3編は，その後，大きな改正を受けることなく，今日もなお用いられている。

明治32年，商法典が編纂された。憲法，民法，刑法，商法，民事訴訟法，刑事訴訟法の主要6法典がここに完成した。また，裁判制度，司法官任用制度，弁護士制度も，この時期までにはその整備が完了している。明治に入り，ほとんどゼロから始まった法制度の欧米化は，ここに一応の完成を見たのである。欧米諸国と対等であるとの主張をするための準備作業が30年の月日をかけ，ようやく終わった。

この作業と歩調をあわせる形で，法律家養成制度も明治20年代には整備された。その主たる担い手は，帝国大学法科大学である。この学校は，国家の強い管理・援助の下，他校の追随を許さない教育環境が整えられ，その卒業生には数々の特権が与えられた。しかし，この学校のみでは，社会が必要とする法律家を養成しきれないため，政府は私立の法学校をうまく活用することになる。

英吉利法律学校創立の時，法学教育制度はまだ整ってはいなかった。その中で，増島六一郎たちは，自らの手で，社会が必要とする法律家の養成を目指した。この方向性は，国家と一定の距離を置きつつ，法律家を養成していく欧米型の法律家養成の伝統に則したものである。しかし，明治20年代の日本には，教育機関が独自に育っていくのを待つ余裕はなかった。急速な欧米化に対応するため，政府の敷いた枠組みの中に取り込まれざるを得なかったのである。

Column 9.　気骨の判決―吉田久

　昭和20年（1945）3月1日，米軍による空襲に晒されている東京で，一つの判決が下った。昭和17年に実施された鹿児島2区の衆議院選挙は無効であるとの大審院判決である。

　太平洋戦争中の昭和17年，東条英機総理の下，翼賛政治体制協議会が結成された。そして，この協議会が各選挙区に，衆議院議員候補者の推薦を行った。推薦者数は議員定数と同数の466名が目指された。すなわち，東条英機は，非常時を理由として，自らが推薦する者のみで衆議院を構成し，戦争遂行を容易にしようと意図したのであった。そして，推薦を受けた者をバックアップするとともに，警察や隣組を通して，選挙に干渉し，非推薦者の当選を妨害した。この妨害により鹿児島2区で落選した候補者が提起した選挙無効の確認を求める訴えが大審院に提起され，この日，政府・軍部の暴虐に否をつきつける判決が下ったのである。

　この判決を下した裁判長が，吉田久である。明治17年（1884）に福井に生まれた吉田は，苦学しながら東京法学院に学ぶ。明治38年，吉田は判事検事登用試験に見事，2番で合格を果たした。任官後，水戸や岡山などで検事を務め，明治43年より東京で判事となる。そして，昭和14年，大審院判事となった。

　政府の選挙への干渉は，民主主義の否定のみならず，明治より営々と積み重ねてきた近代国家制度そのものの否定でもある。政策は法ではない。司法は政策に迎合するのではなく，法に基づく判断を正当に下さねばならない。東条英機の主導した翼賛選挙に対し，戦時中に，これが誤りであることをつきつけた吉田の判決は，明治になって始まった日本の司法制度の発達史の一つの到達点と言うことができよう。

あとがき

　本書の出版は，中央大学法学部の故有沢秀重先生の一言に始まった。2008年頃だったと思う。中央大学の125周年企画の一つとして英吉利法律学校の校外生講義録の復刻を画策していた編者に，125周年ライブラリーの一つとして，英吉利法律学校の草創期の話を書いてみないかともちかけてくださったのである。これが近代日本史の門外漢である編者が英吉利法律学校と格闘するきっかけとなった。当初，本書の出版は2010年の中央大学125周年——これは，同時に英吉利法律学校創立125周年を意味する——に間に合わせる予定であったが，ひとえに編者の遅筆ゆえに，これを徒過するばかりか，有沢先生の存命中に上梓することもかなわなかった。この場を借りて有沢先生にお詫びしたい。

　大学の草創期を語ることは，近年の静かなブームである。無論，これは一般有識者の読書界での話ではない。皮肉な言い方をすると，昨今の大学を取り巻く困難な状況の中で，各大学が自らの伝統をさりげなく誇示するため，自らの歴史を語っているのである。本書もまたそうした営みの一つに分類されることは否定できない。しかし，本書に取り組む目的が中央大学の宣伝にあったわけではない。むしろ自らの奉職する大学の立ち位置をその草創期に立ち返って確認することにあった。そして，この本を書くことを通じ，「中央大学」という名の下で積み重ねられたイメージと，英吉利法律学校とのギャップをしばしば感じさせられた。英吉利法律学校は，本書の書名の通り，「超然」とし，そして「独歩」しようとしていた学校であった。また，そのレンガ造りの校舎のように，先進的でモダンな学校であった。英吉利法律学校の

創立をもって中央大学の創始とするならば（本書でも少しだけ触れられているが，この見方は絶対唯一の不動な見方というわけではない），この草創期の精神を忘却のかなたに置き続けるべきではない。

　本書がこのような形ででき上がるまでには，中央大学の大学史編纂課をはじめ，多くの方の協力をいただきました。その一人ひとりに謝意を表させていただきます。
　　2013年春

森　光

参考文献

- 増島六一郎『日窗瑣談乾集―醒めよ國民』教科的国家社, 1927年
- 東京帝国大学編『東京帝国大学五十年史』1932年
- 新井要太郎編『菊池先生伝』1938年
- 大久保泰甫『ボアソナアド』岩波新書, 1977年
- 中央大学百年史編集委員会専門委員会編『中央大学史資料集 第1集』中央大学大学史編纂課, 1984年
- 穂積重行『明治一法学者の出発 穂積陳重をめぐって』岩波書店, 1988年
- 手塚豊『明治法学教育史の研究』(手塚豊著作集9巻) 慶應通信, 1988年
- 中央大学百年史編集委員会専門委員会編『中央大学史資料集 第4集』中央大学大学史編纂課, 1989年
- 岡田英弘他『士族の歴史社会学的研究』名古屋大学出版会, 1995年
- KANDAルネッサンス出版部『神田まちなみ沿革図集』1996年
- ゲーテ (山崎章甫訳)『詩と真実 第一部』岩波文庫, 1997年
- ゲーテ (山崎章甫訳)『詩と真実 第二部』岩波文庫, 1997年
- 中央大学百年史編集委員会専門委員会『中央大学百年史 通史編上巻』中央大学, 2001年
- 松崎欣一「福沢諭吉の演説」『近代日本研究』20巻, 2003年
- 村松貞次郎『日本近代建築の歴史』岩波現代文庫, 2005年
- 天野郁夫『学歴の社会史』平凡社ライブラリー, 2005年
- 牧原憲夫『民権と憲法』岩波新書, 2006年
- 小倉欣一『ドイツ中世都市の自由と平和 フランクフルトの歴史から』勁草書房, 2007年
- 天野郁夫『大学の誕生 (上)』中公新書, 2009年
- 穂積和夫『絵で見る明治の東京』草思社, 2010年
- 瀧井一博『伊藤博文 知の政治家』中公新書, 2010年
- 中央大学入学センター事務部大学史編纂課編『タイムトラベル中大125』中央大学, 2010年
- 山崎利男『英吉利法律学校覚書 明治前期のイギリス法教育』中央大学出版部, 2010年
- 矢沢久純/清永聡『戦時司法の諸相 翼賛選挙無効判決と司法権の独立』溪水社, 2011年

中央大学「125ライブラリー」 刊行のことば

　1885年に英吉利(イギリス)法律学校として創設された中央大学は2010年に創立125周年を迎えました。これを記念して、中央大学から社会に発信する記念事業の一環として、「125ライブラリー」を刊行することとなりました。

　中央大学の建学の精神は「実地応用の素を養う」という「実学」にあります。「実学」とは、社会のおかしいことは"おかしい"と感じる感性を持ち、そのような社会の課題に対して応える叡智を涵養(かんよう)するということだと理解しております。

　「125ライブラリー」は、こうした建学の精神のもとに、中央大学の教職員や卒業生などが主な書き手となって、広く一般の方々に読んでいただける本を順次刊行していくことを目的としています。

　21世紀の社会では、地球環境の破壊、社会的格差の拡大、平和や人権の問題、異文化の相互理解と推進など、多くの課題がますます複雑なものになっています。こうした課題に応える叡智を養うために「125ライブラリー」が役立つことを願っています。

2011年3月　中央大学学長　永井和之

監修	菅原　彬州	（すがわら　もりくに）▶中央大学法学部教授。1944年北海道生まれ。1969年中央大学大学院法学研究科政治学専攻修士課程修了。
編著	森　　光	（もり　ひかる）▶中央大学法学部准教授，博士（法学）。1975年熊本県生まれ。2002年中央大学大学院法学研究科博士後期課程退学。本書のプロローグ，第1・2（分担）・4・5・8・9（分担）章，エピローグを執筆。
	北井　辰弥	（きたい　たつや）▶中央大学法学部准教授。1964年愛知県生まれ。1996年中央大学大学院法学研究科博士後期課程満期退学。本書の第6・9（分担）章を執筆。
	宮丸　裕二	（みやまる　ゆうじ）▶中央大学法学部教授，博士（文学）。1971年広島県生まれ。2006年慶應義塾大学大学院文学研究科博士後期課程（英米文学）修了。本書の第3章を執筆。
	矢澤　久純	（やざわ　ひさずみ）▶北九州市立大学法学部教授，博士（法学）。1971年長野県生まれ。2001年中央大学大学院法学研究科博士後期課程修了。本書の第2（分担）・7章を執筆。

125ライブラリー　008

超然トシテ独歩セント欲ス
英吉利法律学校の挑戦

2013年3月30日　初版第1刷発行

監修者	菅原彬州
発行者	遠山　曉
編集	125ライブラリー編集委員会
発行所	中央大学出版部 東京都八王子市東中野742-1　〒192-0393 電話 042-674-2351　FAX 042-674-2354 http://www2.chuo-u.ac.jp/up/
装幀	松田行正
印刷・製本	藤原印刷株式会社

©Morikuni Sugawara, 2013 Printed in Japan
ISBN978-4-8057-2707-2

本書の無断複写は，著作権上での例外を除き禁じられています。
本書を複写される場合は，その都度当発行所の許諾を得てください。